雅藏岭南

古建里的岭南

《雅藏岭南》编委会 编著

南方日报出版社
NANFANG DAILY PRESS
中国·广州

图书在版编目（CIP）数据

古建里的岭南 / 《雅藏岭南》编委会编著. — 广州:南方日报出版社, 2024.7
（雅藏岭南）
ISBN 978-7-5491-2744-3

Ⅰ. ①古… Ⅱ. ①雅… Ⅲ. ①古建筑—介绍—广东Ⅳ. ①K928.71

中国国家版本馆CIP数据核字(2023)第194418号

GUJIAN LI DE LINGNAN
古建里的岭南

编　　著：《雅藏岭南》编委会
出版发行：南方日报出版社
地　　址：广州市广州大道中289号
出 版 人：周山丹
出版统筹：阮清钰
责任编辑：李　哲
封面设计：二间设计
内文设计：邓晓童
责任校对：朱晓娟
责任技编：王　兰
经　　销：全国新华书店
印　　刷：广东信源文化科技有限公司
开　　本：889mm×1194mm　1/24
印　　张：9.75
字　　数：200千字
版　　次：2024年7月第1版
印　　次：2024年7月第1次印刷
定　　价：68.00元

投稿热线：（020）87360640　读者热线：（020）87363865
发现印装质量问题，影响阅读，请与承印厂联系调换。

总序

寻找岭南的『雅藏』

岭南文化一直是我社的“主攻方向”之一，“塑造岭南文化活力库”就是我们所致力打造的“四库”之一。二十多年来，我们立足广东，策划出版的岭南文化图书已粲然可观。近年来，无论是聚焦介绍现当代文艺名家的“岭南文艺百家”丛书，还是立足人文湾区文化名片的“人文湾区 岭南三秀”丛书，抑或是讲述岭南特色非遗的“粤雅小丛书”，又或者是散点透视岭南地方文化的“广东新语”书系，都可见我们的努力和创意。我们不是要做文库、大典类的高头大部，也不求学术著作那样的体大思精，而是能适应这个时代阅读新体验的普及性读物，短小轻巧、通俗好读，不会让人望而生畏，而是即之可亲，充满年轻态，有活力，能推动传统岭南文化的创造性转化和创新性发展。

策划这套岭南文化丛书之初，我们的编辑就为这尚在腹中的胎儿“肇锡”了颇多“嘉名”——“古雅岭南”“大雅岭南”“世说岭南”“走读岭南”，诸此种种，“雅藏岭南”的选项也侧身其中，但大家总觉得应该还有更好的在后头，于是又经历了一番众里寻他，蓦然回首，最后选择了“雅藏岭南”作为丛书名。

或许，“雅藏岭南”从开始就已经注定不太可能是“第一眼美女”。但我们希望通过一些努力和创意，她可以是那种相对“耐看型的美人”，能有其独特的韵味和风华，能耐得品评，亦值得回味。

“雅藏岭南”，顾名思义，就是岭南这地方“藏”着“雅”，亟待挖掘、梳理，供人欣赏、品味。然而如果再品评、回味，倒能咂摸出另一番味道。因为“藏”字，除了较为通行的潜藏、隐藏之意外，其实还有矿藏、宝藏的另一解释。如此，一个特别的概念也便呼之欲出了——“雅藏”。

何为“雅藏”？简而言之，就是雅之宝藏，也可谓为雅之无尽藏。雅是中国人的独特美学，与俗相对，共同构成审美的两极。但在我们看来，“雅藏”不应与世俗有着截然的分野，它所涵括的范围，不应只是文玩、古董、艺术品，博物馆的陈列、收藏家的雅好，或者其他一切文学艺术审美范畴，而应该有其更广大的时空，是千百年来生长于斯的岭南先贤的创造凝结，是与世俗相融、为大家日用而不觉的美学传统，它并不深思高举，超然远引于世俗之外，而是在与世推移中从尘俗里开出的花、结出的果。

循着这个思路，重新寻找岭南的“雅藏”，并通过这些“雅藏”去回溯或还原曾经的岭南，这正是这套丛书的价值和意义。

“雅藏岭南”，也可以说是“岭南雅藏”，它孕育于南粤大地之上，蕴藏于岭南文化之中，也便打上了其深刻而鲜明的烙印。它既有古今传承的印记，更有中西交汇的痕迹；既有革故鼎新的精神，又有雅俗共赏的气质，由此形成了古今传承、中西交汇、推陈出新、艺俗相融的“岭南雅藏”。

“雅藏”何其多，势必难以包囊并举。如前所述，我们的宗旨，从来是不求“大而全”，力求“小而美”。所以我们的“雅藏岭南”，自然不是弥勒佛的乾坤袋，什么都可以往里装；但也不像孙悟空给唐僧画定的小圈子，壁垒森严，生人勿入，它应该更像那金角大王的紫金红葫芦，只有我们能想得到、叫得上名的才往里收。于是最先被“点名”的四个应声入内，就是呈现在大家面前的诗词、古画、古建和节庆。

这四大“雅藏”在岭南大地由来已久，流传至今，它们藏得不深，所处不远，就在当下，就在眼前；有的是耳熟能详、约定俗成的“雅藏”，如诗词、古画，是显性的雅；有的是日用而不觉，却又不可须臾分的“雅藏”，如古建、节庆，是隐性的雅。如果以时空来分别，有的是属于时间之“雅藏”，如节庆、诗词，有的又是空间之“雅藏”，如古画、古建。如以四时品赏而论，则春宜读诗词，可以引雅兴的勃发；夏宜看古画，可以得卧游的清致；秋日晴和，宜赏古建；冬待来年，宜宣节庆。

我们冀望读者们能在诗词里涵泳岭南文学之雅，在古画里品味岭南艺术之雅，在古建里探寻岭南筑造之雅，在节庆里领略岭南风俗之雅。

在这里你尽可做一个穿越时空的旅行者，看见可心的诗词，吟哦涵泳；遇见美丽的绘画，游目骋怀；经过典雅的古建，游览歇憩；逢着热闹的节庆，悦目赏心。但得雅藏如啖荔，不辞长作岭南人。

是为序。

《雅藏岭南》编委会

2024年6月

前言

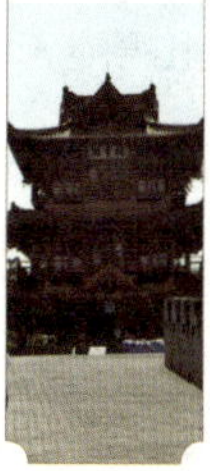

在绵延不息的历史长河中，古建筑*如同忠实的守望者，见证了一个个家族、村落、城市乃至王朝的兴衰起落。星霜荏苒，在千百年的风雨变迁中，许多动人的故事与宝贵的文化渐渐沉寂甚至被遗忘。但是，物在，记忆便有处可寻。人们总能在覆满苔草的红砖青石中，拼凑出曾经的灿烂岁月。

自秦始皇置郡岭南、赵佗开发南粤以来的两千多年里，在广东辽阔的土地与密布的水网之上，历朝历代无数能工巧匠和劳动人民，奉献自己的智慧和勤劳，造就了数不胜数的各类建筑。一座座亭台楼阁、一幢幢宫观宝刹、一条条大道虹桥，如星罗棋布，美轮美奂。这些建筑中的一部分湮没在了历史的长河之中，但也有许多经过岁月的洗礼，依旧以或斑驳沧桑、或改换新颜的状态，挺立在岭南大地之上。迄今为止，广东省内被列为全国重点文物保护单位和省级文物保护单位的古建筑有数百处之多，它们是灿若星河的岭南古建筑遗存中最光辉闪耀的代表。

从世族将相之府邸，到寻常百姓之家舍，这些遗存下来的广东古建筑或金碧辉煌，或清新古朴，或规模宏大，或精巧雅致，吸引着人们从外在的形制结构和内在的人文底蕴等角度，去欣赏和品味它们。

它们具象的形制结构与建造工艺，展现出设计建造者们的匠心独运与巧夺天工。如被称为“百粤冠祠”的陈家祠，以“三雕两塑一画一铁铸”的“七绝”之技法享誉全国；极具岭

* 本书为尽可能多地呈现广东建筑精品，不仅编入了古代（1840年鸦片战争以前）建成的建筑，还编入了部分近代建筑。

南特色的西关大屋，以石脚、青砖、三重门等“三宝”为世人熟知；以“古、大、奇、美”著称的道韵楼形似太极，是全国最大的八角形围屋；德庆学宫大成殿所用的“大丁栿”结构法，是有文献记载以来全国建筑的孤例。

有形的建筑规制和工艺之上，承载和表达了抽象而无形的思想内涵和文化意蕴。如“团团圆圆”的联丰花萼楼，寄托了家族祖先期盼兄弟间情谊如同花与萼一样相互扶持的美好期愿；有“千年古庵，国之瑰宝”之称的梅庵，倾诉着六祖惠能植梅掘井为记的美好传说；蒙受“诗书世泽”的留耕堂，留下何氏三兄弟同中进士“三凤流芳”的佳话；曾经的“粤东第一大港”樟林古港，见证了汕头作为海上丝绸之路起源地之一的重要历史。

囿于时间和空间，人们或许无法一一涉足这些各具特色的建筑，但脚步无法达到的地方，可以让文字搭载人的思绪过去。本书意在为渴望欣赏古建胜迹的人们，开启一扇感官的窗口。编著者对分布在广东全境的古建筑进行了全面的梳理，综合考量其保护等级、形制特点、人文底蕴、岭南特色等因素，按民居建筑、文教建筑、宗教建筑、礼制建筑、交通建筑、军事建筑和中西结合建筑七大类别各作遴选，共选出100组建筑，分七章进行辑集；对各章内建筑再作类别细分，各细类建筑按始建年份顺序排列。关于每组建筑，本书不做太多建筑学上的艰深考究，只以通俗浅近、娓娓道来的笔调，对其历史源流、形制结构、工艺审美、人文民俗等情况进行简明地介绍，让人们透过生动的图文，与各色建筑发生一场“惊鸿一瞥”般的美好邂逅，激起深入了解的雅兴甚至亲往观赏的情怀。

建筑大师贝聿铭说：“建筑是有生命的，它虽然是凝固的，可在它上面蕴含着人文思想。”奠基于岭南土地上的一座座古建筑，虽看似缄默无言，却已然将经年累月的厚重积淀蕴藏在了青砖绿瓦、雕梁画栋的肌理之间，静候着世人去触摸、感知。愿本书能对有此雅趣的读者有所助益。

目录

壹 朴宅雅舍

贰 书斋儒馆

学宫

书院

叁 宫观宝刹

宝塔

城楼

炮台

卫所

柒　中西合璧

索引

壹 朴宅雅舍

YACANG LINGNAN

雅藏嶺南

道韵楼

建筑地址：潮州市饶平县三饶镇南联主村
建造年代：始建于明成化十三年（1477年），明万历十五年（1587年）建成
规格形制：正八角形古堡式楼寨，外墙周长328米，高11.5米，占地面积约1万平方米
历史地位：中国最大的八角围屋

■ 俯瞰之下，道韵楼呈现出八卦形状

明成化年间，客家黄氏祖先请堪舆师择地建楼，堪舆师初觉现址位置好，出于慎重考虑又辗转几十里路勘察其他地方，还是觉得最初的位置为佳，又倒回来了，潮州话称为“倒运（埕）”。为了美化表达，改“倒运”为“道韵”，名字摇身一变，就颇具意蕴了。

■ 道韵楼正门

道韵楼从始建到建成，历时110年，耗费了四代人的心血。一般围屋或是圆形，或是方形，而它却是正八角形的建筑布局。原来，道韵楼初建时，三倒三建，总是建不起来，可谓一波三折。后有高人言此地是“蟹地”，须用八卦之形才镇得住，建楼者遂依八卦形状构建。

道韵楼结构独特，楼埕就像太极的中心，蕴含着阴阳之道。两口共用的水井好似一双阴阳鱼眼，在楼的荫庇下嬉戏，象征着宇宙中的两仪。这座楼如同一个宏伟的八卦图，拥有八个面向和三个进深。前两个进深是平房，而第三个进深则是连接外墙的三层楼房。房埕和屋内的明沟暗涵就像是阴阳的密切融合，充满了神秘色彩。

整座楼宅内有56间正房、16间角房以及360间厅室、112架楼梯，共有56扇外门，门的总数恰好是8的倍数。每户居民都有自己独立的楼梯，通向他们的私人天地。与其他土楼不同的是，在大门一侧还有一扇额外的门，称为“休门”，遵循了诸葛八卦阵的原则，生门用来进，休门用来出。此外，楼的周围设有枪眼和炮眼，楼门的顶部还有一个特殊设计的注水暗涵，用来防止火灾。这座楼宅不仅具有独特的建筑结构，还有八种神奇的防护功能，分别是防干旱、防兽害、防兵乱、防匪盗、防乡斗、防火灾、防寒暑和防地震。它宛如一个守护者，为居民提供了多层次的保护，让人们在其中安居乐业。

此楼历经400多年沧桑，哪怕在1918年的潮汕大地震中，也顽强不倒。最鼎盛的时期，这里住了600余人。

■ 傍晚的花萼楼华灯初上

联丰花萼楼

建筑地址：梅州市大埔县大东镇联丰村
始建年代：明万历三十六年（1608年）
规格形制：占地面积2300平方米，建筑面积2286平方米，土木结构圆形建筑
别名雅称：花萼楼
历史地位：广东土围楼中规模最大、设计最精美、保存最完整的民居古建筑

“团团圆圆”是中国人眼中最美好的字眼，客家人在不断地迁徙的过程中，更加重视团圆的意义。著名的花萼楼，就寄托了林氏祖先期盼家庭兄弟间的情谊如同花与萼一样，相互扶持、交相辉映的美好祈愿。

站在联丰村虎形山山腰瞭望，隐于深山中的花萼楼如一个巨型天外飞碟，奇特的造型也为其蒙上了一层神秘面纱。联丰花萼楼大门呈拱形，左右有一副诠释花萼之名寓意的对联：“花开常棣，萼发青云。”花萼楼一共有三层，都是土木结构，环形格局的房间合计210间。楼中间是283.4平方米的共用圆形天井，用大小不等的鹅卵石铺成古钱币状，颇为美观典雅。中心装饰着一个直径3米的古钱币图案，寓意着人们祈求丰衣足食的心愿。这一图案和天井内的排水沟构成了一个“九”字图，象征长长久久、生生不息。天井右侧有一口古水井，作防火和生活之用。

关于花萼楼的来历还有着一段传奇，相传联丰村林姓九世开基祖林援宇，以耕种挑担为生，为人正气豪爽，虽家境贫寒，仍时常接济更加贫困之人，深得乡邻口碑。一天，林援宇挑石灰趁圩，路过狮头观音庙时因疲惫晕倒，迷糊中忽见一群白马飞奔而来，为避马踩，林援宇便用扁担遮挡，挡下三条马腿。他正纳闷自责时，忽然肚子痛得满地打滚，谁知脚下蹭出了三大缸白银，他便用此建造了这座土楼，并把村里所有无房居住的乡邻都接来住。

“兄弟既翕，谓之花萼相辉；兄弟联芳，谓之棠棣竞秀。”不论是那些民间传说还是现实中一代代的生息繁衍，都体现着客家人如花萼般聚族而居的文化传统。时至今日，每年年初联丰花萼楼都会举行“迎观音”等祈福活动，将客家人圆满、团结、平均、平等的生活理念和美好愿望，长久地传承、发扬。

■ 联丰花萼楼在2019年被列为全国重点文物保护单位

东里寨

建筑地址：汕头市潮南区陇田镇东仙村

始建年代：清乾隆二十八年（1763年）

规格形制：占地面积14 384平方米，建筑面积12 768平方米，“国”字形布局

■ 东里寨内的郑氏家庙

“日出沙陇郑，日落钱家寨。”这句流传于潮汕的民间顺口溜，说的是沙陇、钱坑这一带的两个豪门大族，其中“沙陇郑”指的就是东里寨郑氏。清乾隆二十八年（1763年），当年的航海巨商郑毓宗之孙郑峻峰等郑氏族人开始建造东里寨。

从空中俯视，东里寨方方正正，呈“国”字形布局，城墙环护，长114米，宽112米。庭院鳞次栉比，规整有序。古寨以郑氏家庙为中轴线，左右各分布三条直巷，其余12座三进三落大厝和15座下山虎庭院，都朝向同一方向，簇拥在寨里祠堂周围，有如百鸟朝凤。

古代潮州易逢战事，民居格外注重安全性与防御性。东里寨的寨墙高约5米，厚达0.7米，故有“东里寨墙可跑马”的说法，虽然这有些夸张，不过在新中国成立初期，确实有人在墙上骑过自行车。墙上留存着至今依然斑驳可见的土炮弹痕，见证着它所经历的沧桑。古寨的四个角落还矗立着设有相互呼应的枪炮口的更楼，寨墙顶端

的道路联通四座更楼。与很多城寨不同的是，东里寨只开正门以及东、西门三门。正门为北门，上匾书“东里腾辉”四字，为乾隆年间棉城进士萧重光所题。只要将寨门全部关闭，里面便自成天地，外面的兵匪很难攻进来。

古老的城墙厚重肃穆，默默守护当地人几百年的记忆，诉说着先辈的创业传奇与仗义担当，见证了当代潮人的自强不息和艰苦奋斗。寨内西侧寨墙下，坐落着著名旅泰侨领郑午楼博士的故居。他虽身在他乡，却心系祖国，在国家危难之时，急国之所急，组建了华侨救济祖国委员会，为祖国捐款捐粮。他也一直关心家乡，兴建学校，发展教育，筹办工程，改善民生。“仁者扶危济困，儒者德高望重”，在郑午楼身上，充分体现了这种品质。

■ 东里寨北门，其上匾书“东里腾辉”四字

满堂围

建筑地址：韶关市始兴县隘子镇满堂村

建造年代：始建于清道光十六年（1836年），竣工于咸丰十年（1860年）

别名雅称：满堂客家大围

规格形制：占地面积13 860平方米，建筑面积34 010平方米

历史地位：广东省最大的客家围村之一

雄伟大气的满堂围

满堂围享有“岭南第一大围”“粤北第一民宅”的美誉，由于围主十分尊崇道教文化，围屋设计中融入许多颇有内涵的“好意头”。

■ 满堂围内的曲线形屋舍

满堂围建造位置背山面水，建筑主体中间高两边低，远远望去就像一艘船，两边的石阶路是“拴船的锚绳”，即所谓“大围似船形，世代储金银”。满堂围是方形大围，由上、中、下三座围楼连接而成，为“屋包围、围包屋”的回字形结构。整座大围顶端五点突出，寓意“五子登科”。满堂围的建筑设计里，到处都渗透着数字“七”文化：从大围门口可望见远处层次清晰的七重山；整座围楼共有777间房，有七个议事厅、七道门槛；围楼窗户有七条窗栅，最高17米；梁上雕有牡丹、莲花、桂花、梅花、兰花、菊花、谷穗七种吉祥图案……在我国的古老传统中，数字“七”既是七政之数，也是五行与阴阳的和，意为吉星照耀，是吉利的命理。满堂围有一点与其他民居建筑不同，即除了大门门楣上的题序，其余房屋厅堂上均无联无匾。

满堂围楼的设计者不仅寻求吉祥的象征意义，也高度重视实用性，使围楼成为一个完美的建筑实体。上、中、下的“三围”结构既可以独立存在，又可以和谐地融为一体，相互呼应。整个围楼的外墙厚度在2—4米之间，采用夹心墙结构，确保了坚固耐用。围楼内的巷道、檐街、天井、沟渠以及主要的门框和窗框都用花岗岩石铺砌而成，檐街和花道纵横交错，形成便捷的交通网络，为居民提供了便利。楼门的顶部还设有储水池，用于应对可能的火灾，以确保围楼的安全。围楼内的檐街、天井、门坪等地面都精心铺设了水磨过的小鹅卵石，既使地面平整而美观，同时也方便了排水，保持了围楼的整洁。

满堂围集古代、近代客家民俗风情于一体，屹立至今，为研究近现代客家民居建筑的源流和发展变化提供了宝贵的实物资料。

大湾古建筑群

建筑地址： 云浮市郁南县大湾镇五星村

建造年代： 清咸丰元年（1851年）至民国初年间建成

主要建筑： 峻峰李公祠、祺波大屋

水东古村，古韵绵绵，田畴之间，农舍前后，盛夏荷花掩映中，那些错落有致的清代古建筑，以其密实紧凑的青砖与山墙、精致优雅的屋顶与雕塑，在众多平淡无奇的平顶农村屋舍中，显得尤其出众。

大湾古建筑群规模宏大，布局集中，具有浓厚的广府艺术特色和民俗风格。其中多见楼顶两边的山墙形状似镬耳、从侧面看则像“凸”字的建筑，这是岭南传统民居的代表——镬耳屋。镬是古时的一种大锅，镬耳屋因此亦称“锅耳屋”。耳状建筑具有防火、通风性能良好等特点。民间也有“锅耳屋”寓意富贵吉祥、丰衣足食的说法。这些建筑的屋脊下、山墙、墀头处均装饰有灰塑，它们中有壁画式、图案式等样式，运用

■ 祺波大屋由大湾富商家族李氏创建，是大湾古建筑群的代表性建筑

了浮雕、镂雕的手法，题材丰富，造型多样，至今仍然色彩如新。

大湾古建筑群现存完好的古宅有47座，包括民宅27座，祠堂19座，庙宇1座。其中有大湾富商李景献的二儿子李祺波建于1885年的祺波大屋，有古时的读书场所芳裕家塾，有存放李氏历代祖先神主的锦村李公祠……它们一一记录了宗族的源流与传承。

■ 五星村祺波大屋的木雕装饰

细细解读宗祠的对联，可知李氏家族祖籍在甘肃，后来迁徙到广东，在大湾扎根。李氏之所以选择大湾，据说是看中了郁南位于粤桂交界，作为两广重要中转站，能够为其经商提供天然地理优势的位置特点。事实证明，他们的选择无比正确，大湾是一个人杰地灵的地方，历史上诞生过多位进士、翰林等文武人才，或考取功名，或建功立业，或营商致富，然后回到故乡，在大湾兴建大屋、祠堂、学塾，为家乡积淀了“俗敦诗书，勤耕稼，人性质直”的美好底蕴。

西关大屋

建筑地址：广州市荔湾区多宝路、逢源路、龙津西路
建造年代：兴于清代后期，19世纪中后期至20世纪20年代为鼎盛时期
代表建筑：小画舫斋、李文田探花第

■ 西关大屋外景

“西关”是旧时广州的地名。清末广州十三行设立后，西关逐渐成为豪商巨贾的聚集地。俗语中的“西关小姐”，说的就是住在西关的富家小姐，她们通常受过新式学校的教育，过着近代广州最风雅、精致的生活。她们所居住的西关大屋气势恢宏，平均面积可达400平方米。

西关大屋平面布局为传统的正堂屋形式，典型结构为三间两廊，左右对称。中间为主厅堂，中轴线自前而后依次为门廊、门厅、轿厅、正厅、头房、天井、二厅、二房。两旁偏间前部左边为书房及小院，右边为偏厅和客房。客房顶为平台，供乘凉、赏月和西关小姐们七夕拜月乞巧等用。庭园中

■ 西关大屋三重门

栽种花木，筑有假山鱼池，颇为典雅清幽。

西关大屋有“三宝”——石脚、青砖、三重门。石脚，即墙基，门条由白色花岗石板搭建，用细绿青砖砌成的墙体还会贴一层人工打磨的水磨青砖，以保证长久平滑。最有特色的还属三重门。第一道门为脚门，又叫吊扇门，是四扇对折的小门，关上时既保护了隐私，又能看清来客。第二道门为趟栊门，由单数的十余根圆木组成，圆木之间留有空隙，风可以从缝隙中穿过。第三道门才是真正的大门，厚度一般有8厘米左右，有的甚至是一整块木板，所以也叫“板门”，多用樟木或坤甸木制造。

这极具广州特色的西关大屋，在最鼎盛时有800多座。可惜在民国初期，广州大规模拆建，目前仅剩100多间，且大多破坏严重或被改造，尚有保留价值的数量寥寥。游客们如想品味当年西关名宅原原本本的韵致，或许仅能从小画舫斋、李文田探花第和龙津西路西关大屋建筑保护区内的建筑遗存中寻得几分。

许驸马府

建筑地址：潮州市湘桥区中山路葡萄巷东府埕4号
始建年代：宋英宗治平年间（1064—1067年）
规格形制：占地面积约2450平方米，建筑面积约1800平方米

北宋时期，潮州韩山许氏先贤许珏，迎娶宋太宗曾孙女德安县主，成为潮城一段姻缘佳话。潮州府城北侧，中山路葡萄巷东府埕，坐落着他们的府邸——许驸马府。

驸马府占地面积约2450平方米，建筑面积约1800平方米，整个府第共有55间厅房、11座天井、2条火巷，这种格局规制的潮州民居被称作“驷马拖车”。跨入大门，一道道高高的门槛，无处不在彰显主人的煊赫家世。宅内石地栿曲折连绵，木构架均立于其上，木柱下方亦带有鼓状石柱础，是为了防潮防腐。厅室墙体是南方独有的“竹编灰墙”，用竹片和竹篦编制，加上泥土和贝灰夯筑而成，轻巧省料又能隔音，饱含着南方匠师的工艺智慧。驸马府布局方正规矩，三进的院落，五间过的开

■ 许驸马府正门

■ 许驸马府内景

间，既有从厝又有供下人居住的后包，以中庭为中心，主次分明。这种源于古老地主庄院，后发展演变为带护厝与后包形式的民居，是现存潮州“府第式”民居的最早形式。整座建筑的排水系统别出心裁，采用“S”形走向，先由天井“四水归一”，然后水流从正厅绕过后厅，再转而折向前厅排出，意在“财不外泄”。

许氏一族最早是在北宋初期从福建泉州迁移到了潮州韩山麓，所以被称为“韩山许氏”。许氏的第二代祖先许申，是著名的唐宋潮州八贤之一。许氏一族才俊辈出，在宋代成为潮州的知名家族。后来，许氏家族在潮州各地繁衍生息，甚至有一支分支迁徙到了广州，成为著名的高第街许氏家族。值得一提的是，鲁迅的夫人许广平也出自这一许氏分支。

康有为故居

■ 康有为纪念馆

建筑地址：佛山市南海区丹灶镇银河村委苏村

始建年代：清代中叶

别名雅称：延香老屋（一说涎香老屋）

主要建筑：康有为纪念馆、康有为故居、康氏宗祠、澹如楼、松轩

清咸丰八年二月初五（1858年3月19日），广东南海县（今佛山市南海区）丹灶苏村一间普通民宅里诞生了一个男婴，他就是康有为，中国晚清时期重要的政治家、思想家、教育家，资产阶级维新派的代表人物。

康有为诞生时，他的家族已在这座屋宅中生活了五代之久，因此康有为亲切地称它为“百年旧宅”。这古老的房屋是一座典型的清代珠江三角洲民居，由青砖建成，具有独特的镬耳屋顶结构，屋檐两侧各有一个巨大的“耳朵”。内部布局典型，正中是宽敞的正厅，两侧的耳房用作卧室，而沿着阶梯向上延伸的阁楼则被用作书房。

康有为出生于一个封建官僚家庭，在这座房子中度过了他的童年和青少年时期。他的家族在澹如楼的二楼设立了家族私塾，康有为在这里接受了教育，度过了他一生中最重要的成长时光。在这里，康有为接受了儒家经史教育，受父辈的影响，他一直追求圣贤之道，致力于科举考试。然而，在青年时期，他多次参加童子试、乡试都未能成功，经历了多次挫折。

故居内的澹如楼藏书数万卷，见证了康有为学习和著书立说的历程。在这里，他广泛汲取经典知识，结合自己在外考试和游历时接触的西方思想，完成了《大同书》的初稿，为维新改革提供了理论基础。康有为故居内的装饰陈设，亦体现了中西文化的和谐交融。神案和八仙桌椅等清代红木家具，展现了中国传统文化的庄重典雅；而客房一隅的哥伦布石像，则映射出康有为对西方文化的理解和吸纳，这也是他在“百日维新”受挫后流亡海外时所收集的艺术品。

■ 康有为故居

经过扩建，康有为故居现已成为包含纪念馆、宗祠、澹如楼、松轩、荷塘等建筑和景点的综合性文化区域，占地逾2万平方米。作为国家级文物保护单位，这里不仅珍藏了众多历史文物，也是了解近代维新变法运动及思想起源的关键场所。

■ 德安里民居群全景

德安里

建筑地址：揭阳市普宁市故城洪阳镇南村

建造年代：始建于清同治十年（1871年），建成于清光绪十六年（1890年）

规格形制：占地面积6.3万平方米，建筑面积3.2万平方米

“潮汕厝，皇宫起”，这句俗语是对潮汕地区部分豪宅大厝的赞美之词。德安里建筑群呈横平竖直分布，外围的院子和火巷呈包围式，拱照中间的祠堂，其布局和北京故宫确有几分相似之处。被称为“民用建筑教材”“潮汕民居建筑形式大全”的德安里，是潮汕这片土地孕育出的一朵奇葩。

德安里是由清末广东水师提督、著名将领方耀与他的兄弟共同建造的家族聚居寨。这个村落是潮汕地区现存规模最大、保存最完整、历史悠久的府第式建筑群，也是国内罕见的府第式古村落。整个德安里分为三个部分，分别是“老寨”“中寨”和“新寨”。每个部分都是一个独立而完整、独具特色的建筑群。其中包括一组“百鸟

朝凤”和两组“驷马拖车”，每组都有多座建筑物，它们的结构和风格各具特色，同时又巧妙地相互连接在一起。这三个寨子相互交织在一起，村落里还拥有祠堂、佛堂、客厅、楼阁、花园、书斋等功能性建筑，以及传统的民居建筑如“四点金”“下山虎”和“竹竿厝”，总共有773间房屋。德安里是一个充满历史和文化价值的村落，其府第式建筑群保存完整，是中国珍贵的文化遗产之一。

德安里方氏族人有在每年除夕夜团年饭前先喝一碗粿汤的独特习俗，这还得追溯至方耀一家食不果腹之时。那时方耀一家居住洪阳镇城内西村，方耀兄弟六人，家里穷得经常揭不开锅，除夕夜邻居送来几个粿，他们的祖母郑太君面对六个饥肠辘辘的孙儿犯了难，最后决定削半锅萝卜丝，再将粿打碎，一起熬成粿汤。在除夕夜，方耀一家将这一锅热腾腾的粿汤作为年夜饭。后来，他们家逐渐殷实，得以营建德安里，但方氏族人相沿成习，仍在每年除夕夜团年饭之前先吃一碗粿汤，以纪念贤惠的郑太君和家族艰辛的发迹史。

■ 德安里内的燕诒堂

人境庐和荣禄第
（黄遵宪故居）

建筑地址：梅州市梅江区金山街道东山小溪唇

建造年代：荣禄第建于清光绪七年（1881年），人境庐建于清光绪十年（1884年）

规格形制：人境庐为砖木结构园林式建筑，荣禄第呈“九厅七井”样式

■ 黄遵宪故居内景

“结庐在人境，而无车马喧”是陶渊明的自况，梅州境内有两座“人境庐”，一座是晚清维新思想家、外交家何如璋的故居，另一座则是清代外交家、政治家、教育家黄遵宪亲自设计建造的书斋。两座“人境庐”的出现，不是机缘巧合，是志趣相投的约定。

清光绪三年（1877年），黄遵宪随着何如璋东渡前往日本担任使节，之后又被派往美国、英国、新加坡等国担任外交官。在外任期间，这两位外交官相约回乡后各自兴建一座“人境庐”，并邀请日本书法家大域成濑温为他们题字。有趣的是，何如璋故居的“人”字上方多了三个点，这是黄遵宪特意要求书法家添加的，寓意着何公的年龄、学位和职衔均在他之上。黄遵宪故居的设计别具一格，充满了西洋风情。他在十余年的外交经历中受到了外国文化的深刻影响，因此在清光绪十年（1884年）设计人境庐时，融入了各国建筑的元素。在客家民居的基础上，人境庐采用了拱门设计，

■ 荣禄第

房屋有多处门窗，尤其是书房“无壁楼”采用了日式风格，周围被三面环窗所包围。

而荣禄第则是黄遵宪的起居室，它的建筑形式按照德赞楼的外形而建。与充满西方文化元素的人境庐不同，荣禄第是一座传统的客家民居，采用了三堂两横的式样，中间是三堂屋，两侧有横屋，均为两层建筑，呈现出“九厅七井”的格局。门上悬挂着匾额，上书“荣禄第”，第二进的匾额写着“在勤堂”，而第三进则书写着“江夏堂”。“江夏堂”是黄氏最常使用的堂号，寓意着“天下黄姓出江夏，万派朝宗江夏黄”。光绪二十四年（1898年），在两次外交官生涯后，黄遵宪参与了变法运动，但最终宣告失败。之后，他进入了人生的最后阶段，定居在乡间。在这段时间里，他仍然积极推动立宪和革命等工作，同时专注于新体诗的创作，因此被誉为“诗界革命巨子”。

■ 大埔光禄第远景

大埔光禄第

建筑地址：梅州市大埔县西河镇车龙村
始建年代：清光绪三十四年（1908年）
别称雅名：张弼士故居
规格形制：建筑面积4180平方米

“中国葡萄酒之父”张弼士出生于1841年，18岁只身闯南洋，后来成为南洋首富，资产高达8000万两白银，比当时清朝国库年收入还多1000万两，被美国人称作中国的洛克菲勒，可谓富可敌国。

1908年，张弼士修建了大埔光禄第。与大多数回乡的客家人修建的房屋不同，光禄第采用了典型的三堂四横一围的客家围龙屋结构，内部包括18个厅、13个天井和99个房间，还包括前后花园和书斋等。主屋是三进院落，内部的石柱有方形、圆形和菱形等多种风格，其中中厅两侧的4根圆形石柱基座上雕有莲花瓣，中部为菱形，底部为四角形，设计独特，工艺精湛。中厅的梁架刷上了朱红色，显得宽敞而豪华。后厅相对较小，悬挂着“五知堂”的匾额，下面设有祖堂，摆放着花岗岩案桌和神龛，神龛上安放着屋主先人的神位。房屋后面还有上、中、下三个大码头。

张弼士深受清政府重视，被誉为“红顶商人”，虽然拥有了面见慈禧都可免跪的特权，但他并不热衷于政治，而是专注于实业以振兴国家。他主张“主权自掌，利不外溢”，经常对人说：“作为中华民族的一员，应该为中华民众作出贡献。”他毫不吝啬地将大量资金投入国内各地兴办现代工业企业。1892年，张弼士受邀回国，参与了国家实业兴邦的大计划，并亲自前往烟台考察。最终，他在烟台郊区投资了超过三百万两白银，建设了中国首个、亚洲最大、世界第三大的葡萄酒工业园基地，并创立了以他的姓氏“张”开头、寓意国家昌隆兴裕的张裕葡萄酿酒公司。

从空中俯瞰车龙村，光禄第就像一只领头雁，周围十来幢风格各异的古民居，像群雁分缀其间，构成了一片优美的田园风光。就在青山绿水之间，光禄第经百年风雨而历久弥坚。屋主人张弼士“生为中华民族，当效力于中华民众”的誓言，至今在这片土地上回响。

■ 大埔光禄第正门

清晖园

■ 清晖园内的园林景致

建筑地址：佛山市顺德区大良街道清晖路23号
始建年代：明天启元年（1621年）
规格形制：占地面积2.2万平方米
主要建筑：船厅、碧溪草堂、澄漪亭、惜阴书屋、真砚斋、状元堂等
历史地位：岭南四大名园之一，中国十大名园之一

“昏旦变气候，山水含清晖”，清晖园取自南朝诗人谢灵运《石壁精舍还湖中作》，意为和煦普照之日光，以此颂喻父母养育的恩德。此园原为明末状元黄士俊所建，在黄家破落后，易主清朝进士龙应时，现名系应时之子为奉养母亲而题。

清晖园如今呈现精致而布局紧凑的格局。它主要分为三个部分：东南角区，这是原正门入口的地方；旧园区，位于园内的中部；以及近年修建的新园区，坐落在西北部。穿过大门进入时，首先映入眼帘的是由打磨过的石块堆叠而成的八角壁裂池。在壁裂池下面，一座“九龙戏珠”的雕塑栩栩如生，池中锦鲤悠闲地游弋。庭院中郁郁葱葱，走过回廊，穿越石门，一下子就来到了另一个世界。再沿着池廊一路走到船厅，这是整个园区的主要建筑，也是该园的精华所在。船厅外观为一座双层的船形砖楼，也被称为“旱船”或“舫”，是中国园林独特的仿船式结构，融合了珠江紫洞艇和江苏无锡寄畅园名舫的特点。整座建筑就像是一艘大客船，走道就是“船舷”，房

■ 清晖园与水色相映

屋则是“船舱”，栏杆上的波浪纹饰物犹如海浪。船厅的前半部分三面临水，仿佛漂浮在水上，利用廊道和旱桥形成“舟楫”，而池畔的百年紫藤则像是“缆绳”，充满动感。与船厅相连的还有惜阴书屋和真砚斋南楼，它们隐藏在郁郁葱葱的树荫之中。旧园区的南部，有一方清幽的池塘，是整片园林的水景区。碧水之上，澄漪亭、六角亭与碧溪草堂等建筑错落有致，宛如水面上的守望者。穿行于园林之间，一块巨大的“状元堂”匾额映入眼帘，这里散发着浓郁的书香，激励着龙家子弟勤奋学习。状元堂之外，真砚斋、惜阴书屋和笔生花馆同样被作为子弟学习的场所，分别寄托着求实、勤奋的寓意与对才华的祈愿。

清晖园的园林艺术融合了明清文化、岭南古园林艺术、江南艺术以及珠江三角洲水乡的特色。碧水、绿树、石山瀑布、小桥曲廊、古墙漏窗等元素巧妙融入，共同构成了主次分明的庭园空间。走在整个园中，每一步都能观赏到不同的景致，让人流连忘返。

梁园

■ 梁园内的亭台楼阁

建筑地址：佛山市禅城区松风路先锋古道93号
始建年代：清嘉庆元年（1796年）
规格形制：占地面积约20 000平方米
主要建筑：十二石山斋、群星草堂、汾江草庐、寒香馆
历史地位：岭南四大园林之一

梁园是佛山梁氏宅园的总称，是松桂里梁氏家族的聚居地。嘉庆末年，梁蔼如在松桂里首筑“无怠懈斋”。其后道光年间，他的三个侄子相继建成了寒香馆、十二石山斋、群星草堂、汾江草庐四组园林群体。至咸丰年间，梁园规模达到鼎盛。

梁园的景观以石、水和名帖为主要元素。据说，旧时园中拥有400多块奇石，因此被赞为“积石比书多”。梁氏家族的第三代主人特别喜好石头，将石头视为整个梁园的关键元素。通过群星草堂的石庭、南侧汾江草庐的山庭以及石舫和湖中的水石庭等多种形式和变化，梁园创造了令人叹为观止的山水景观，臻于“极丘壑之胜”和自然的境界。水景也是梁园的一大特色。园中拥有大面积的湖泊和罕见的水网池沼，展现出典型的珠江三角洲水乡园林特色，创造出宽阔的空间感。在群星草堂中，有一座奇特的半边亭，亭如其名，只有一半，首层为六角半亭，而第二层为完整的四方亭，屋顶平缓，飞檐斗拱，非常独特。

整个园林是人为创造的，每一块石头、每一片水面、每一块砖瓦都透露出主人的思想境界和性格特点。梁氏家族世代相聚，传承着诗礼传家的传统。梁家的成员，如梁蔼如、梁九图、梁九华、梁九章等，都精通国学和书画，常常与当时的才子们相互切磋，形成了世代传承的家学传统。梁园的家塾培养了许多名士，包括探花李文田、进士梁宝僧、解元梁冠澄、抗英乡绅梁应琨等等。此外，以“一毛不拔”的牙刷广告闻名的“梁新记”是梁家后人创办的，享誉中外的媒体人梁厚甫和著名实业家梁知行等也是梁家杰出的后代。

■ 梁园内的荷香小榭

可园

建筑地址：东莞市莞城区可园路32号
始建年代：清道光三十年（1850年）
规格形制：面积约2200平方米，“连房广厦”组群式园林
主要建筑：可堂、擘红小榭、草草草堂、绿绮楼

■ 可园全景

可园建园之初，园主人张敬修给它起名“意园”，意为这是他的得意之作，合他心意。他常邀文人雅士入园中相聚，宾客赞说“可以！可以！”。言者无意，可是听者有心，“以”与“意”同音，“可”在“以”之前，张敬修觉得“可”比“意”更胜一筹，遂改其名曰“可园”。

可园因其“小巧玲珑、设计精巧”的特点著名，它坐落在仅有三亩三（约2200平方米）的土地上，四层高的望楼、幽深的小楼和通透的船楼构成了整个园林空间结构的主体。园内拥有亭台楼阁、山水桥榭、厅堂和轩院等各式建筑。整个园林建筑被巧妙地组织成了一组组建筑群，有聚有散，起伏有致。竖向楼阁是园内重要功能空间在垂直方向上发展的一种表现形式。

■ 可亭建于园内的湖上，有曲桥与雏月池馆相连

从入口走入，能看到供客人小憩的擘红小榭以及两座用于接待来客的厅堂，分别是草草草堂和葡萄林堂。穿过碧环廊就来到主人用于款宴和消暑的场所，包括可轩、邀山阁、双清室等等，这些是可园的主要活动场所。其中，双清室的名称源自“人境双清”，因为其平面形式、窗扇装修、家具陈设以及地板花纹都采用了亚字形状，所以也称为“亚字厅”。亚字厅的结构非常巧妙，四角都设有门，非常适合举办宴会和活动。在双清室的侧边，还有一组石级，可以登上邀山阁。站在四层高的望楼上，可以远眺周围的山水。建筑师在面积有限时巧妙地利用了垂直楼阁结构，使可园不仅在平面上有趣，还具有立体的美学空间。

1856年，张敬修在广西被革职，随后与居廉、居巢、张嘉谟一同返回东莞。在东莞，张敬修定居可园休憩养病、诗文会友，开启了晚年的理想生活。岭南派画家居廉和居巢同样选择在可园生活，此后数年间，他们在园内发展撞水撞粉技法，达到其绘画艺术的巅峰，留下了大量绘画精品。

■ 余荫山房是岭南四大园林之一

余荫山房

建筑地址：广州市番禺区南村镇北大街
始建年代：清同治六年（1867年）
别名雅称：余荫园
主要建筑：卧瓢庐、临池别馆、深柳堂和玲珑水榭

“余地三弓红雨足，荫天一角绿云深。”这是余荫山房中的一副名联，表达了其主人邬彬的愿望：“不求园广，但求福荫。”余荫山房是岭南四大园林之一，虽然面积最小，但原貌保存最完好，是典型的岭南园林建筑。1922年，邬氏第四代孙邬仲瑜在南面又建了一个名叫“瑜园”的园林，其中包括与清晖园“小姐楼”相似的两层船厅，后来并入余荫山房。

整个园林在外面看起来和一般的民宅没有什么不同，但一旦走进去，就会发现这里别有洞天。园林中有东西两个并排的庭园，构成整齐的几何布局，在中国古代宅园中相对罕见。东部庭园是一个方形水池，池塘旁边的建筑和景物都与水平行，形成了一个方形的构图，深柳堂和临池别馆隔着池子相对。西部庭园是一个八角形的水庭，中间有一个八角形的水厅，庭院内的桥梁、廊道和路径都与八角形的边缘平行或垂直。玲珑水榭是一个八角形的卷棚歇山顶建筑，窗户可以从八个方向打开，既可以通风，又可以欣赏到八个方向的景色："丹桂迎旭日，杨柳楼台青。蜡梅花开盛，石林咫尺形。虹桥清辉映，卧瓢听琴声。果坛兰幽径，孔雀尽开屏。"

在园林中漫游时，总能不经意地发现设计者的精心构思。虽然余荫山房的面积不大，但将"藏而不露、缩龙成寸"这八个字表现得淋漓尽致。深柳堂作为余荫山房的主体建筑，极为引人入胜，它将山墙的一面旋转了90°作为正面，这减小了建筑体量，同时也将山墙上的灰塑移到了最佳观赏位置。余荫山房的竹门后面有一座小山，虽然体积小，形状也不够奇特，但它的巧妙之处在于起到了掩映的作用，使人们不至于一眼看到外墙，从而留出了遐想山后景象的空间。

■ 余荫山房深柳堂

贰

YACANG LINGNAN

雅藏岭南

书斋儒馆

韶州府学宫

建筑地址：韶关市浈江区风采路64号

建造年代：始建于北宋景德三年（1006 年）；明万历三十年（1602年）毁于火灾，随即重建

规格形制：大成殿坐北朝南，面宽为五开间24米，进深三开间16.4米，通高15.7米，占地面积695.4平方米

韶州府学宫坐落在韶关浈江区的风采路上，与风采楼相邻。作为古代韶州地区的“最高学府”，韶州府学宫承载着教书育人、传承文化的重要使命，是粤北地区教育史上的一颗璀璨明珠。

宋代韶州人才济济，仅在北宋天圣二年（1024年），就有余靖、王式、黄正和梅鼎臣等士子同被授予进士之名。至和二年（1055年），韶州知州胡牧选用景德三

■ 韶州府学宫大成殿

年（1006年）兴建的先圣庙创办韶州府学，并将其改建为学宫。从此，韶州府学宫成为粤北重要的官方教育机构。在长达八百年的历史中，韶州府学宫培养了七十余名进士，创造了杰出的教育成就。学宫曾占地近一万平方米，建筑群包括棂星门、东西两庑、崇圣殿、名宦祠、乡贤祠、大成殿等，每一处都透露着古代学府的庄严与肃穆。

■ 韶州府学宫大成殿内景

明万历三十年（1602年）的一场火灾，让韶州府学宫遭受重创。幸有南韶巡道张德明捐俸重建，学宫才得以延续。1905年科举制取消后，学宫逐渐荒废，许多建筑被毁，但主殿大成殿却被幸运地保存了下来，成为韶关市区内仅存的明代建筑。如今的大成殿内供奉着孔子雕像，房梁上悬挂着“万世师表”的牌匾，两侧的古风书柜将殿内分为三个主题展览区，分别展示儒家学说的发展、科举制度的演变和韶州古代教育的概况。

韶州府学宫的历史价值远不止于此，它还是革命历史的见证者。1925年，曲江县农会成立后，农民自卫军曾驻扎大成殿。1927年，北江农民自卫军在此集结，部分自卫军后来参加了南昌起义，在中国革命史上留下了浓墨重彩的一笔。新中国成立后，韶州府学宫受到国家保护，2008年大成殿被列入第八批广东省文物保护单位。韶州府学宫见证了韶关乃至整个粤北地区文化教育的发展历程。如今，它是韶关文化的象征，也是传承和弘扬中华优秀文化传统的重要场所。

新会学宫

■ 新会学宫大成门

建筑地址：江门市新会区公园路12号
始建年代：北宋庆历四年（1044年）
别名雅称：孔庙、文庙
规格形制：占地面积12 189平方米，建筑面积3225平方米

自北宋庆历四年（1044年）建立以来，新会学宫就在新会这片沃土上孕育了无数英才，成为广东地区文化教育的重要发源地。明成化年间，大儒陈献章在此设台讲学，吸引了数千名学子前来，他的“岭南学派”将儒家思想推向巅峰，影响力跨越时空。陈献章的杰出成就获得了万历皇帝的高度认可，使他成为首位入祀曲阜孔庙的广东人士。新会学宫的声誉也由此提升。在皇帝的批准下，新会学宫的大成殿得以扩建和提升，成为当时广东学宫中最宏伟的中心主殿。

新会学宫的建筑群仿照山东曲阜孔庙而建，巧妙地适应了当地地理环境。尽管在元末遭受战火摧毁，但在明清时期得到了多次重建和扩建。抗日战争时期，学宫再次遭受破坏。直到1956年，学宫经历了大规模修复，包括大成门、东西两斋、两庑、两廊、尊经阁以及“蹈和”和“履中”两殿，重现了往日的辉煌。

大成殿是学宫的主殿，坐落于建筑群的中心，高达17.4米，占地面积达567平方米，是广东地区最高的大成殿之一。它拥有5间宽、3间深的结构，采用双层歇山顶设计，下檐装饰有精美的斗拱，结构与北京故宫的太和殿类似。大成门东西两侧连接着东西两庑和东西两斋，最初是廊庑结构，用于供奉先儒和先贤的牌位。最后一排建筑是尊经阁，它是双层砖木结构，建在1.7米高的台基之上，采用歇山顶设计，梁架结构独特，结合了抬梁式和穿斗式的特点，建筑平面呈“品”字形，总面积达210平方米。

1958年9月，新会博物馆在新会学宫大规模修复的基础上建立，收藏超过5000件珍品，涵盖了从古至今的各个历史时期。其中最著名的包括商代的鳄鱼骨骼、元代的乌利单刀、明代的《木美人》油画以及大藤鼓。这四大古董闻名于世，既展示了新会深厚的历史底蕴，也见证了岭南文化的千年传承。

■ 俯瞰新会博物馆

德庆学宫

■ 德庆学宫大成殿

建筑地址：肇庆市德庆县德城镇朝阳西路北
始建年代：北宋大中祥符四年（1011年）
主要建筑：大成门、大成殿、东西庑、崇圣殿、尊经阁
历史地位：岭南乃至中国南方现存最古老的孔庙

在我国南方众多的孔庙中，肇庆的德庆学宫无疑是最古老、规模最大、最独特、研究价值最高的一个。其主体建筑大成殿虽经多次修复，却仍然保留着宋元时期的建筑风格。

德庆学宫拥有完备的建筑形制，以南北中轴为中心，分布着左、中、右三路建筑群，拥有殿、坛、阁、祠、庑、池、桥等各种建筑，占地面积达3900平方米，规模宏大，堪称南方孔庙的典范。

■ 德庆学宫牌匾

现存的德庆学宫大成殿是元朝大德元年（1297年）由学官林舜咨重建的。这座殿内最引人注目的就是四根被称为“雷公柱”的圆木金柱。这些柱子没有延伸到殿顶，而是横跨座斗枋，由12朵莲花状斗拱支撑着压槽枋和井口天花板。这一独特的设计旨在消除“跨步电压”危险，以保护厅堂免受雷击。此外，大成殿还突破了传统的厅堂结构，采用了一种巧妙的设计，在左右两侧的重檐下去掉了中间的两根柱子，从而将一座殿中的柱子减少到了仅有4根。大成殿的出昂也极具代表性，下檐斗梁架保持着宋代的风格，柱头和补间铺作均为七铺作，单杪三下昂，其跳出总长112厘米。大成殿采用的“大丁栿”结构法是有文献记载以来的全国孤例。

在封建时代，德庆学宫在推动儒学和相关学术事业的发展方面发挥了积极作用。从宋代到清代，德庆培养了18位进士、114位举人，学子们共同创作了68部专著，总数超过100卷。例如，宋代进士石处道的著作《松江集》一直流传于世；晚清诗人梁修《锦石集》的第六卷《百花诗》在广东地区引起轰动，广受赞誉。德庆学宫还推动了由大儒和乡绅创办的书院、义学和私塾的涌现。

高要学宫

建筑地址：肇庆市端州区正东路42号
始建年代：北宋崇宁年间（1102—1106年）
规格形制：占地面积3027平方米

高要学宫作为西江流域最古老的学宫之一，一直承载着传播儒家文化的使命，是当地文化教育活动的主要场所。学宫位于古称端州的肇庆，这里也是端砚的发源地。明世宗亲自书写的“敬一箴”石碑是当时最高等级（一等）的碑，使用了优质的端砚石制作，是非常珍贵的文物。

■ 高要学宫修缮保护工程竣工仪式

■ 高要学宫“文庙”牌坊

高要学宫的建筑布局非常完美，雄伟壮观。学宫前面的通道名为“青云路”，象征着青云直上。左右两侧分别有“贤关”和“圣域”两座牌坊，它们标志着人们已进入学宫的范围。穿过青云路，进入“文明门”，两侧是名宦祠和乡贤祠。然后是半月形的泮池，上面有一座石桥，叫作泮池桥，又称青云桥。在科举考试期间，学子们会走过泮池桥前往拜见孔子，这一仪式被称为入泮。从泮池往左拐是署衙，往右拐是大成门。穿过大成门后，是宽敞的丹墀，这里是每年春秋孔圣祭祀时文武学子行礼的地方。丹墀两侧分别是东庑和西庑，用来祭奠先贤。丹墀北面有一座高大的平台，称为四方平台，高约九尺九寸，长宽约九丈九尺，上面屹立着宏伟壮观的大成殿。大成殿在抗日战争时期免于战火毁坏幸存下来，保留了宋明两代南方建筑的特色，拥有五开间、五进深的宽阔格局。其建筑结构采用九脊重檐歇山顶式，全由木头建成，柱顶采用悬空漏顶设计。梁枋和斗拱上绘有苏式绿地画花草彩绘，具有独特的艺术价值。整个殿内由36根坚固的楠木柱支撑，柱基则由麻石礅构成。

在大革命时期，学宫成为叶挺独立团的驻地，同时也是陈殿邦等人创办的平民夜校的教学地点。这所夜校向普通群众宣扬马克思主义，提高了肇庆工农群众的革命意识，为民主革命运动作出了积极的贡献。

揭阳学宫

建筑地址：揭阳市榕城区韩祠路7号
始建年代：南宋绍兴十年（1140年）
别名雅称：揭阳孔庙、文庙、红学
规格形制：中轴线布局，占地面积约16 000平方米

说起揭阳学宫，就不得不提到南宋时期的一位杰出人物——孙乙。孙乙是江苏人，他考中进士后被派往揭阳，成为揭阳历史上第一位县令。他在这里修路、建立市集、兴办学宫，为揭阳的城市和文化建设作出了卓越的贡献。揭阳学宫经过不断的修缮和扩建，发展成仅次于山东曲阜孔庙的规模宏大、建筑种类丰富多彩的孔庙，被誉

■ 揭阳学宫泮池

■ 揭阳学宫崇圣祠

为"粤东古建筑明珠"。

揭阳学宫采用了中轴线布局，拥有高台基和殿堂式的建筑结构。主要建筑包括照壁、棂星门、泮桥、泮池、大成门、东西庑、大成殿、崇圣祠等。大成殿建筑在高台基上，台基高达1.4米，殿身以梁柱构建。整个建筑使用了36根花岗石柱，上部采用抬梁式结构，额枋上装饰有精美的斗拱。在大成殿的明间，有4根木雕五爪盘龙柱，柱上蛟龙在盘旋中相互对望，各自捧着一颗宝珠，周围环绕着云雾。距离大成殿后面约14米的地方有座崇圣祠，它最初是一座家庙。崇圣祠的屋顶采用了琉璃瓦和土红瓦覆盖，有绿色琉璃滴水剪边。屋脊上雕刻着鳌鱼和龙头等装饰，与大成殿的屋顶风格协调一致，相互呼应。东西两路建筑围绕中轴线对称建造，形成封闭式庭院建筑，与大成殿和崇圣祠相互衬托。整个建筑群高低错落，有繁有简，主次分明，突出了大成殿的崇高地位，整体布局追求对称和方正，呈现出庄严稳重的格局和秩序感。

作为古代揭阳的唯一官学，揭阳学宫不仅是揭阳古城的历史文化地标，也是千年文脉的发源地。从宋代到清代，它培养了众多优秀人才。值得一提的是，大革命时期，周恩来曾在此进行革命活动，并发表了著名的演讲《中国共产党与中国青年》。

海阳县儒学宫

建筑地址：潮州市湘桥区文星路与昌黎路交叉处
始建年代：南宋绍兴年间（1131—1162年）
别名雅称：红学、学宫
主要建筑：大成殿、大成门、两庑厢房、泮池、棂星门及院前照壁

海阳县儒学宫，因其红瓦红墙的建筑外观和丹漆的门楹而被潮州人称为“红学”。古时的潮州又称海阳，这座学宫因此得名，它充分展示了潮汕地区独特的建筑特色。

自明代以来，海阳县儒学宫多次经历重建和扩建。今天的海阳县儒学宫呈现出三进院落的格局。首先是高耸入

穿过海阳县儒学宫棂星门，可以看到屹立着的孔子雕像

云的四柱三开间石坊门——棂星门，与一侧的“昌黎旧治·岭海名邦”坊相得益彰。穿过棂星门，就可以看到一尊孔子雕像，由国家级工艺大师刘成林历时半年创作而成。过了泮池，便是第二进的大成门，门上悬挂着对联“先觉先知为万古伦常立极，至诚至圣与两间功化同流”，赞美孔子树立了后代的伦理道德标杆，教育了天下万物，功德无人能比。大成门有三扇门，以表示对孔子的崇敬。在春秋两季和科举考试时，学宫会举行盛大的仪式，中门开启，平时学子们则通过两侧的小门出入。大成门上的门钉按照礼制有49颗，以显示孔庙的高规格。穿过大成门，就是主要建筑大成殿，它保留了明代的建筑风格，拥有重檐飞拱和歇山转角，由43根大柱支撑。大成殿回廊的四周由石栏杆环绕，仿佛三千弟子环坐聆学，围绕在孔子的身边。大成门与大成殿之间的东西两庑现已辟为潮人家训馆，展示了潮汕地区传统的亲情伦理和社会责任观念。

■ 海阳县儒学宫大成殿内景

海阳县儒学宫的倡建者是海阳县令陈坦。他认为县学和州学同设一处，县学在学田等方面较为弱势，于发展不利，便将海阳县儒学宫迁至今址，改善了学员的学习条件，县学学风逐渐蔚起。陈家世代才俊辈出，创造了“一门三进士，全族九知县”的辉煌，留下了“秋溪世家”的美名。

归善学宫

建筑地址：惠州市惠城区桥东街道惠新中街1号
始建年代：元泰定元年（1324年）
规格形制：坐北向南，现有占地面积35 964平方米
主要建筑：戟门与大成殿

■ 归善学宫大成殿内部建筑结构

“百年大计教育为本，从严治校精心育人”，这是惠阳高级中学的教育理念，学校内坐落着惠州古代官办学府的遗迹——归善学宫，古代学宫与新教学楼前后并立，行走其间，让人仿佛可以听到两个时代学子们的琅琅书声重叠在一起。

“归善”是古代惠阳的县名，1912年后，惠州府与归善县合并为惠阳县。归善学宫建立于元泰定元年（1324年），明清时期规模颇大，这段时期归善县涌现出近300位进士和举人。然而，由于多次拆毁，学宫现今只留存明万历四十一年（1613年）重建的大成殿和戟门。

大成殿是学宫的主体建筑，它采用重檐歇山顶，高10.5米，宽18米，深12.5米，共有五个开间。它的梁架结构为抬梁式，共有七个梁对前后牵引，屋顶采用乳栿结

■ 归善学宫大成殿

构，由四根柱子支撑。屋顶上有16个斗拱，其中正面和两侧各有12个。戟门宽度为五间，长度为17.7米，深度为9.75米，采用硬山式屋顶，高9米。戟门正面的柱头铺作和补间铺作各有六朵斗拱，形成六铺作三杪的重栱结构，内侧为六铺作三杪的偷心造结构。墙壁上还保存了许多壁画，墀头部分有梅花纹饰的砖雕和鲤鱼纹饰的灰塑。这两座建筑自建成以来多次维修，主要结构仍然保留着明代的建筑风格，同时也融合了清代的一些特点。建筑材料坚固，工艺精湛，雕刻精细，具有鲜明的岭南风格。

近代在维新变法浪潮的推动下，惠阳高级中学的前身惠州府中学堂应运而生，成为惠州府辖下十县中的最高学府。如今惠阳高级中学坚持着“培养民族英才”的宗旨，为社会培养了无数的人才。

番禺学宫

■ 番禺学宫棂星门，其上匾书“毛泽东同志主办农民运动讲习所旧址”

建筑地址：广州市越秀区中山四路42号

始建年代：明洪武三年（1370年）

别名雅称：农讲所旧址纪念馆

规格形制：原学宫阔三路，深五进。如今占地5425平方米，主要保存了中、东两路建筑

番禺学宫位于繁华的广州市越秀区中山四路旁，是明清时期的番禺县学，它与德庆学宫、揭阳学宫并称为广东三大学宫。

明朝洪武三年（1370年），番禺学宫由知县吴忠、训导李昕建于现址创建。经不断修缮、重建，坐北朝南、三路五进的布局基本确定。20世纪20年代，毛泽东曾经在此主办广州第六届农民运动讲习所，昔日古学宫成为一处红色胜迹。

现存的番禺学宫占地面积5425平方米，整个学宫红墙黄瓦、飞檐斗拱、古色古香。如今学宫主要保存了中、东两路建筑。中路建筑依次有棂星门、泮池拱桥、大成门、东西廊庑、大成殿及崇圣殿。棂星门由花岗岩石雕琢而成；大成殿面阔五间、约

25米，进深约14米，高约13米，单檐歇山顶抬梁式木结构，其琉璃脊处装饰有二龙戏珠、福禄寿、花鸟纹样等图案。东路建筑尚存头门、明伦堂、光霁堂和石板路。明伦堂之名意为教人明白伦理道德，此处是当时生员上课的场所；堂前立有石碑，上刻“文武官员至此下马”。

■ 番禺学宫全景

明清时期，番禺学宫秉持“以崇先圣、以育人才、以昭化治”的理念，坚持以学生自学、独立研究为主，注重讲明义理、躬行实践。陈衍虞、车腾芳、莫元伯等名儒都曾在此担任学官。在优良学风下的韬养下，明清两代番禺学宫的生员中共有1400多人考上举人，中进士212人，中状元1人、榜眼1人、探花2人。陈子壮、黎遂球、庄有恭、张维屏、陈澧、许应鑅、梁鼎芬等均是学宫优秀生员的代表。

1926年5月至9月，第六届“农讲所”在番禺学宫举办，教员有毛泽东、周恩来、彭湃、恽代英、萧楚女等，在历届“农讲所”中规模最大、影响最深远。新中国成立后，番禺学宫被开辟为“毛泽东同志主办农民运动讲习所旧址”纪念馆，向来来往往的游客们讲述着这段峥嵘的红色历史。

长乐学宫

■ 长乐学宫大成殿

建筑地址：梅州市五华县中华城镇十字街
始建年代：明成化五年（1469年）
规格形制：占地面积5100平方米
主要建筑：万仞宫墙、棂星门、戟门、大成殿等

长乐学宫的棂星门分为“状元门”“榜眼门”和“探花门”，有着独特的传统，当地学子只有高中殿试前三名，才能打开相应的大门。棂星门仅在清乾隆年间有两位学子打开过，分别是武状元李威光和榜眼曾琼琲。

关于武状元李威光，民间有一段传说：相传李威光在赴京赶考的路上，经历了一系列不顺的事情，包括不慎踩死小鸡、踩断木桥板、衣服被荆棘撕破等。因此，他觉得非常不吉利，决定放弃前往考试的计划。回到家中后，他的母亲却鼓励他继续前行："脚踏金鸡殿上行，踏断木桥换石桥。自古英雄走险道，钩烂青衣换锦袍。"这段话鼓舞了李威光，让他重新踏上了赴京赶考的路途，最终高中。

长乐学宫是一座宫殿式建筑，以黄瓦和红墙为特色。建筑按照中轴线布局，主要由大成殿组成，大成殿是一座高10米的建筑，面阔5间，进深6间。殿内摆放着孔子、孟子等圣儒先贤的塑像。殿前有一个月台，殿内有24根八角梅花石柱支撑梁架。殿的屋顶采用重檐悬山瓦顶，屋脊上有金黄和孔雀蓝两色琉璃瓦。四角的飞檐上有各种形态的瑞兽，正脊上有昂首向天的双龙，栩栩如生。大成殿两侧的东庑和西庑陈列着明清时期五华科举名人的藏书和文房四宝等展品。原本大成殿后面还有明伦堂和崇圣殿，但在同治三年（1864年）的洪水中被冲毁，现在已经不复存在。

近代以来，长乐学宫见证了多次政治运动，始终发挥着传承文化、培养德性、熏陶民风、培养杰出人才的重要作用。1925年，周恩来率领的东征军主力第一团曾驻扎在长乐学宫，在五华开展革命运动，组建了五华县民主革命政府。

■ 长乐学宫大成殿内景

罗定学宫

建筑地址：云浮市罗定市罗城街道北关里
始建年代：清顺治四年（1647年）
规格形制：占地面积约8300平方米
历史地位：西江流域仅存的清代学宫完整建筑群

■ 罗定学宫大成殿

有“学宫圣迹”美誉的罗定学宫，是罗定八景之一，它是广东西江流域、南江流域留存的形制最完整、规模最大、保存古建筑物最多的学宫。

■ 竖立在罗定学宫大成殿中央的孔子像

罗定学宫坐北朝南，占地约8300平方米，现存建筑沿中轴线依次为棂星门、泮池、大成门、大成殿、崇圣祠，两侧有乡贤祠、名宦祠、两庑，附建有明伦堂、忠节孝祠、奎星阁等。名宦祠和乡贤祠的设立是地方学宫与曲阜孔庙的不同之处，两祠结构、形制相同，均为绿琉璃瓦硬山顶建筑，与大成门共用山墙，分别用以安放曾在罗定为官、政绩卓著、受民敬重的官宦和罗定州中取得功名、受民敬重的乡贤的牌位。

罗定学宫的大成殿与大部分学宫一样都是重檐歇山顶式，但不是密闭封顶，而是通透的，哪怕遇上高温多雨的天气，殿内也不会湿热。从殿中望去，大成殿的殿顶如两把重叠在一起的雨伞，两层屋檐间隔有一米多高，四周通透，风从四面吹进殿内，但雨水却飘不进来。从高处俯视，整个大成殿呈正方形，像一枚印玺，寓意“学而优则仕”。大成殿的重檐顶正脊上有两条灰塑金龙相对，其旁塑有葫芦的形象，因葫芦与福禄谐音，又称作“双龙捧福禄”，这样的灰塑是岭南地区所特有的。

大成殿里的孔圣人像，立于2006年，高2.557米，寓意从孔子诞辰至雕像完成之时已有2557年，材质是千年的古樟木，正立于大成殿中央，润泽光亮，神态自然。当年大成殿修葺后，罗定市四处苦寻适合雕刻孔子像的木料。忽然有一天，有人在新兴县的河床发现了一棵千年古樟木，不仅没有腐朽，还散发着清香。当地人称樟木为“神木”，樟木木材上有许多纹路，意为“大有文章”，于是，这段樟木就被塑成了孔子像。

从2007年开始，罗定学宫得到全面修缮，主体建筑现已基本恢复原貌。清晨，学宫旁罗定中学的学生三三两两结伴上学，嬉笑打闹间为古老的学宫添注了青春的活力。

龙川学宫

建筑地址：河源市龙川县佗城镇佗城村
始建年代：清康熙七年（1668年）
规格形制：占地面积7287平方米
主要建筑：大成殿、明伦堂和尊经阁

全国可查考的学宫有204座，考棚有14处，但只有河北定州和广东龙川两地是学宫与考棚并存，并且龙川学宫至今完整保存学宫与考棚，这是很罕见的。

龙川佗城，又称为“百粤首邑”，作为岭南地区最早设立的县之一，龙川曾由中原人赵佗主政，他促进了龙川文化的萌芽。唐代时期，龙川建立了学宫，而在宋、明、清等朝代，龙川也不断兴办书院和义学。从唐至清，龙川培养出28名进士、112名举人（包括武举）、164名贡生以及2000多名秀才。今天，我们所看到的龙川学宫建筑始建于清康熙七年（1668年），包括了现存的大成殿、明伦堂、尊经阁等建筑。

■ 龙川学宫大成殿上檐梁架

■ 一群孩童在龙川学宫大成殿前合影

大成殿是学宫的主体建筑，它面宽五间，进深四间，高达18米，总面积达440平方米。这座建筑采用了重檐歇山顶的设计，檐下四周的斗拱重叠出挑，梁柱上雕刻着凤、鸟、鱼、龙等各种漆金装饰，显得古朴而大方。大成殿的石柱周围没有设斗拱，而是直接顶托着檐枋。此外，上檐下方还设有多组斗拱。清嘉庆元年（1796年），“御颁至圣先师大成殿”的金匾被悬挂在正殿门棂上，金匾的正面设有卷棚式通廊，石柱造型独特，梁架结构清晰，充分展示了清代建筑风格。在大成殿的正中央，供奉着万世师表——孔子的金像，而左右两侧分列着颜子、子思、孟子和曾子，还有他的十二位门生。

清末民初，庙宇曾一度被县行政机关占用，后划给县立第一高级小学作校舍。2015年12月，龙川学宫被广东省政府公布为省级文物保护单位。如今，学宫左右两侧仍放置着一口钟和一面鼓，每天的晨钟暮鼓提醒学生们要珍惜学习时光。

玉嵒书院

■ 玉嵒书院是全国罕见的将儒、释、道三家精髓糅合并与自然山水结合的书院之一

建筑地址：广州市黄埔区萝岗街萝峰山麓
始建年代：南宋乾道三年（1167年）
规格形制：占地面积1348平方米
别名雅称：玉岩书院、萝峰寺
主要建筑：玉嵒堂、余庆楼

每年农历五月二十，玉嵒书院都会举办“玉嵒诞”，这是萝岗钟氏后人为纪念其先祖钟玉嵒而举行的传统文化民俗活动，玉嵒书院也得名于此。那么钟玉嵒是谁？玉嵒书院背后又有什么故事呢？

钟玉嵒年少时在自己父亲钟遂和开设的种德庵读书学习，与9岁的崔与之开启了24年的同窗生活，两人也就此结下了一生的不解之缘。南宋嘉定十二年（1219年），辞官回乡的钟玉嵒对种德庵进行扩建，改名为萝坑精舍，崔与之和他一起在此讲学。

崔与之，字菊坡，官至右丞相，成为岭南士子由太学考取科举的第一人，在辞章上颇有造诣。因此玉嵒书院除了是萝岗钟氏历代传承家学之地，还是宋代岭南主流学派“菊坡学派”的发祥地之一，对整个岭南文化、广府文化产生了深远影响。

玉嵒书院是目前保存状态最为完好的古代书院之一，与萝峰寺相连，原本是羊城八景中“萝岗香雪”的一部分。书院中最引人注目的就是“七檐滴水”结构，由余庆楼与玉嵒堂的七个屋檐组成。所谓“七檐滴水”指的是在下雨时，雨水会从屋檐的七个位置滴落到地面上的金鱼池中。这种“七檐滴水”的建筑样式通常只出现在王公贵族家的建筑中，民间不得私自使用。钟玉嵒对南宋理宗的三皇子曾有救命之恩，朝廷破例允许他使用此建筑格局，以示恩赏。为了尊重礼制，钟玉嵒在重建萝坑精舍时虽选择模仿皇宫中的“八檐滴水”格局，但特意将其改为“七檐滴水”的形式，这个建筑格局至今仍然保留下来。

数百年来，玉嵒书院吸引了众多文人雅士前来瞻仰。朱熹所书的“忠孝廉节”字匾，文天祥手书的绝句四首木刻，郑板桥的春、夏、秋、冬四时画竹木刻……一代又一代的硕彦名儒驻足于此，留下墨宝。

■ 玉嵒书院内，余庆楼与玉嵒堂构成“七檐滴水”的建筑格局

贵生书院

■ 贵生书院正门

建筑地址：湛江市徐闻县贵生路237号

始建年代：明万历十九年（1591年）

规格形制：四合院式庭院建筑

“贵生”意为“天下之生皆当贵重也”，明万历十九年（1591年），汤显祖谪任徐闻典史、添注时，提倡“贵生”，遂与知县熊敏捐资创建贵生书院。书院现构为清道光元年（1821年）至道光三年（1823年）间重建。

贵生书院是一座砖木结构的建筑，采用了四合院式的设计。在中轴线上，依次排列着前厅、中堂、亭阁和后厅四个院落。正厅被用作讲堂，里面摆放着汤显祖的雕像，照壁上题有一联：“天地孰为贵，乾坤只此生。”书院的前庭种植着蓊蓊郁郁的凤凰树和古榕树，还有一口古井，名为“梦泉”，相传是汤显祖亲自凿成的。从大门进入书院，就会看到一块石头上刻着“贵生书院官田”，这片田地最初是徐闻知县熊敏用来收取租金以供给生员科举考试费用和出版考卷的地方。书院的东西两侧各有六间学斋，共计十二间，分别以博学、审问、慎思、明辨、笃行、格物、致知、诚意、正心、修身、齐家和治国等命名。书院正中有一座叫作“明复”的阁楼，它红墙黛瓦、雕梁画栋的风格仿佛是被遗留在时间中的宝物，这个名字来源于汤显祖的著作《明复说》。

在书院门前，有一条蜿蜒而过的古石道，它是目前仍然保存较为完好的南粤古驿道之一，有600多年的历史。这条石道呈东西走向，由不同规格的玄武石条铺砌而成，全长约836米，最宽处达4.6米，最窄处为2.3米。路面上留有两道深浅不一的车辙，这是牛车车轮长时间碾轧形成的，车辙最深处达13厘米。古石道起始于当地的登云塔（一座明代建筑），一直延伸至书院，并连接着后方的文庙，形成了徐闻文化教育的基本格局。

自贵生书院建成，“贵生”思想便在徐闻落地生根，影响了十几代徐闻人。从明代至清代，不少学子追随先贤，奋力读书，后世中举者大有人在。如今，“贵生文化”已成为徐闻的一块鲜明的文化品牌。

■ 贵生书院内景

怀城文阁

建筑地址：肇庆市怀集县怀城街道兴贤居委会沿江东路绥江河北岸
始建年代：明万历四十七年（1619年）
别名雅称：文昌阁、文昌书院

在肇庆，有一座“塔院合一”的明清建筑——怀城文阁留存至今，其又名文昌阁、文昌书院。怀城文阁的特别之处就在于，它不仅是古人用作镇塞水口的风水建筑，还是一座教书育人的书院。

■ 文昌书院后耸立着文昌塔

明朝时期，怀集地区拥有四座重要的书院，怀城文阁就是其中之一。文阁的建立始于明朝万历四十七年（1619年），并于天启元年（1621年）三月完工，这个书院是由知县谢君惠兴建的。踏入文昌书院，会被传统的四合院式建筑所包围，这个建筑的风格为硬山顶、灰塑博古脊、石门框，它有着三个开间的宽阔正厅，两个进深，以及两条连廊。山门两侧可以看到观阙、楹柱、石鼓等装饰。穿过山门，进入前院，正对着的是一面石壁，上面嵌有太极八卦、洛书、河图等图案。穿过左右两侧的连廊，走上几级石阶，便可看到正堂和两侧的厢房。绕过正堂后门前的木雕屏风，就会到达后院。

■ 怀城文阁有着独特的“塔院合一”形制

怀城文阁由文昌阁和文昌塔两个主要部分组成，文昌塔位于后院的正中央，是整个文阁的标志性建筑。这座塔高25米，分为五层，六角形。每一层上方都有刻有文字，依次为“梯云”“得禄”“桂籍”“参天”“文阁”。第二层和第四层的正面有方形或棱形的窗户，第三层和顶层的窗户则是圆形的。每一层的屋檐下都装饰着各种图案，并雕刻着莲花瓣，用来点缀塔身。塔顶采用锥形设计，顶部有铁杆，上面装饰有葫芦状的瓷塔刹。塔的六个角都有工艺非常精致的雕刻，使文昌塔看起来雄伟壮观。

每年农历二月初三的文昌诞，怀集县博物馆都会联合县内各小学举行开笔礼，组织学生到文昌书院了解怀集历史文化和文昌文化。怀城文阁在新时代焕发出勃勃生机，先后成为怀集县青少年立志成才教育基地和怀集县廉政文化教育基地。

东山书院

■ 东山书院正门

建筑地址：梅州市梅城东山状元桥畔

始建年代：清乾隆十一年（1746年）

规格形制：重檐歇山顶式书院建筑，占地面积1642平方米，建筑面积2655.5平方米

历史地位：梅州保存最完整的古书院

东山书院是梅州古老的书院之一，由嘉应州知州王者辅于清乾隆十一年（1746年）创建，至今已漫越了270多个春秋。光绪三十年（1904年），著名教育家黄遵宪在书院创建东山初级师范学堂，培养了众多爱国兴邦之士。清末爱国志士丘逢甲曾拟68字长联，上联盛赞黄遵宪兴办学堂、桃李满园之功；下联则称赞学子，历经一番寒彻骨，终能香溢九州、有为于国家。

东山书院的门楼采用硬山式屋顶，正中屋脊左右飞翘，前檐由两根花岗岩石柱支撑。书院内部布局是典型的三进式建筑风格，包括正楼、大堂、头门、左右书房等。整个书院内部的布局以后面的魁星阁为轴线，左右对称，井然有序，主体堂屋在第一层，左右横屋在第二层，魁星阁在第三层，整体呈现出错落有致的高低层次感。

书院大门上方悬挂着木刻镏金楷书的“东山书院”匾额，两侧有对联：“东山桃李绿，书院状元红。”正堂上方挂着匾额“初步云梯”，由书院学生钟许题写，意指初步攀登学业之途如踏云而上。魁星阁内，安放着镀金的魁星全身雕像，魁星栩栩如生，右手握朱笔上举，左手拿金锤下敲，神情凝重，生动地表现了魁星的威严和决断。

尽管东山书院曾几经兴废，但在众多名师包括黄遵宪、黄莘田、李伯陶、李倬汉等的教导下，代代青年才俊从这里走出，取得了优异的成绩。书院的校友有叶剑英元帅、萧向荣将军、曾宪梓博士等，他们为国家和民族作出了杰出贡献。如今，东山书院已经活化成为传统文化宣传场所，还开设了国学教育班。在古老的书院里，孩子们的琅琅读书声回荡，令人思绪蹁跹。

东山书院魁星门

七贤书院

建筑地址：阳江市阳西县织篢镇太平村委会太平村
始建年代：清乾隆三十一年（1766年）
规格形制：四合院布局，占地面积1377.9平方米

七贤书院，原来是本地耆绅捐资在忠勇祠前建造的七贤祠，用于纪念途经或留宿于阳江太平驿站，后被放逐至雷州、海南的李德裕、寇准、苏轼、苏辙、秦观、赵鼎、胡铨七位贤臣。

七贤书院采用宗祠的建筑模式，保留了清代晚期的建筑风格。它坐北朝南，占地面积颇广，主体建筑采用四合院布局，包括前、中、后三个厅堂，两侧有廊房，整体结构清晰，主次分明。建筑采用硬山式屋顶，保留了传统的建筑元素。

正门采用木质结构，装有浅红实木大门，麻石门框，上方横挂着阴刻的“七贤书院”四个大字，字体古朴、圆滑、苍劲有力。正门上方装饰有三组相间的花鸟图案，虽然已经有些模糊，但仍能勾勒出美丽的图案。大门前檐上有两根石梅花柱，也称为廊柱，左右两侧的廊柱上方装饰着似鸟刨状的石质穿插枋和木质穿插枋，上面雕刻着栩栩如生的花鸟和人物等镂空图案，非常精美。书院内部包括校史厅、祭堂和两侧的厢房。校史厅是古代秀才们备战科举考试的临时进修场所。祭堂用于举行祭祀仪式，两侧的厢房前檐上有矮砖墙，墙上有凹状的平行四边形装饰。每根矮砖墙的前端都有一根石梅花柱，底部有装饰构件，不仅具有承重功能，还增添了美感，象征着院落的地位。

七贤书院建成后，许多文人墨客慕名到此瞻仰前人。据传就有人们熟悉的龚自珍。据记载，当年龚自珍经过忠勇祠特意驻足凭吊，在七贤书院小住期间种下两棵白梅树。这两棵树现在仍在院内，枝叶繁盛。

■ 七贤书院为四合院布局

■ 七贤书院

■ 观澜书院内景

观澜书院

建筑地址：韶关市乳源瑶族自治县大桥镇新书房村
始建年代：清乾隆五十八年（1793年）
规格形制：四进四合院式，占地面积约1500平方米（一说1000平方米）

在韶关乳源大桥河的西畔，有一座清代的书院，是西京古道途中保存较为完好的古书院之一，因它正门前方可以观赏到大桥河波澜起伏的河水，故书院取名为“观澜”。许姓客家人自闽入乳源，大桥村是聚居地之一，而观澜书院便是由贡生许景发集资，于清乾隆五十八年（1793年）兴建的。

书院的院落采用了四进式建筑布局。一进拱秀门前，有一排高约一米多的石墙，将书院与民居分隔开。在拱秀门与石墙之间，有两对桅杆石柱分立两旁。拱秀门楼采用风火墙式建筑，上方用砖砌成菱形和方形的墙棂，门楼顶端上书“拱秀”二字。拱秀门楼内墙上砌有两边为拱形门、中间为圆形门的“紫微门”。古代学生们只能从拱门进出书院，直到学业结束时，才能从圆形门走出，象征着学业圆满完成。二

■ 观澜书院的影子倒映在大桥河上

进观澜门原本悬挂着书院落成时立的“观澜书院”木匾，但后来被盗，如今悬挂于门楣的是仿制品。三进明德堂内，有前后两个木柱隔扇和藻井天花，这是学生们读书学习的地方。四进资深堂前有木柱隔扇，正面有木书柜，正中设有神龛，内安放孔子牌位，其他书柜用于存放书册。在古代，学生们到书院的第一件事情就是前来资深堂，向孔夫子行礼，然后才能到明德堂学习。

书院分为三个院落，其中明德堂与资深堂之间的院落叫作“芸香院”。院落一边的楼廊栏杆上雕刻着花草、鸟雀和圆形的篆刻“福、禄、寿、全”四字，篆体字采用了偏旁变位法，构思巧妙。另一边的楼廊栏杆上则有蝙蝠、小鹿、乌龟等传统吉祥图案，文字和图案都有着美好的寓意。观澜书院承担着知识传授、社会教化和学术传承等功能，也充当了客家祠堂的角色，村民的婚嫁事宜也在此举行。

叁 宫观宝刹

YACANG LINGNAN

雅藏岭南

六榕寺塔

建筑地址：广州市越秀区六榕路87号六榕寺内
始建年代：南朝刘宋年间（420—479年），一说为南朝梁大同三年（537年）
别名雅称：六榕寺花塔、千佛塔
规格形制：砖木结构，外观9层，内连暗层共17层，高57.6米

■ 六榕寺花塔牌匾

说起今日广州地标，我们会说“小蛮腰”广州塔，但要说宋代广州地标，那就不得不提六榕寺塔。六榕寺塔，是岭南地区现存最高的宋代古塔，砖木结构，平面八角形，高57.6米，仅从外观看来只有九层，但走进塔内会发现竟还有暗层，整座塔实际上共有17层。六榕寺塔又被称为六榕寺花塔，这是因为整座塔像是花朵叠成的一根花柱，塔顶则像一朵花蕊。

六榕寺塔在南朝时期开始建造，但通常被称为宋代的古塔。在南朝梁大同三年（537年），广州刺史萧誉在广州城西的宝庄严寺内兴建了一座方形的六层木塔，因该塔下埋藏着佛骨舍利，故得名舍利塔。后来，古寺遭受火灾，寺庙和塔一同被毁。北宋元祐元年（1086年），南海人林

修与信士王衢、沙门道琮等人在原址上重新修建了寺庙并建造了新的塔，这才是我们今天所见到的六榕寺塔。此后，历代朝廷虽都对塔进行了重修，但都保持了宋代的原貌。1980年对六榕寺塔进行修复时，工作人员发现了塔壁上的北宋铭文砖，进一步证明了该塔的历史。

游览六榕寺，进山门时左右有一副对联："一塔有碑留博士，六榕无树记东坡。""博士"是指"初唐四杰"之一的王勃，他在唐高宗上元二年（675年）南下赴交趾看望父亲，途经广州时应邀写下3000字的《宝庄严寺舍利塔碑》，宝庄严寺即六榕寺的原名。"东坡"就是苏轼，当时他自儋州赦还，在广州居停月余，其间多次到寺中游憩，见寺中有六棵榕树，绿荫如盖，气势不凡，提笔书下"六榕"二字，后人就把这里称为六榕寺，把寺内的塔称为"六榕寺塔"。但可惜的是，民国初年顺德文人岑学侣到此拜访时，寺中早已不见那六棵榕树。

■ 六榕寺塔全景

慧光塔

建筑地址：清远市连州市慧光路18号
始建年代：南朝宋泰始四年（468年）
规格形制：楼阁式砖木塔，塔高49.86米

慧光塔是一座斜塔，其中轴线呈现出明显的倾斜。这个特殊的塔身形状是因为它的塔基建在一座小石山的尖顶上，经过上千年的风雨侵蚀和地壳运动，塔基逐渐形成东高西低的地势，导致塔身向西倾斜了1.0472米，因此被誉为“东方斜塔”。

慧光塔的历史可以追溯到南朝宋泰始四年（468年），在连州城兴建之前就已存在。这座古塔经历了多次改建。最初，慧光塔是一座木塔，在宋代遭遇大火付之一炬，重建时吸取教训，建成了楼阁式的砖木塔。现存的慧光塔共有九层十七级，高约49.86米，还有一个高约7.776米的塔刹。1985年，每层回廊上增

■ 慧光塔全景

加了栏杆，使这座古塔成为可以攀登的塔楼。

■ 慧光塔被誉为“东方斜塔”

慧光塔的外墙为土红色，呈六角形平面，内部采用斗拱形结构，塔腔为壁内内折上式。塔身中空，内部有梯道供游客登览，每层都有回廊环绕，可以蜿蜒攀升至塔顶。塔的各层都用砖砌成角柱、椽枋、斗拱、平座和檐面，层层递减，造型十分美观。特别值得一提的是，塔的第一层斗拱采用了人字形的鸳鸯交手拱来承托平座，增添了其独特的建筑魅力。而塔顶则有一个由生铁铸造的古塔顶盖。当初建塔时，由于塔顶盖太重，无法提升至顶端，只好被搁置在塔的旁边。尽管经过千年的风雨，这个铸铁的塔顶盖仍然保持着光滑无锈的状态。现今，塔顶上可见的是1958年安装的避雷针。

岭南有着“惠州古塔无影，连州古塔无顶”的传说。关于“连州古塔无顶”，民间说法甚多，其中一说是鲁班仙师来到连州，与当地的土地公进行了一场比试，鲁班仙师建慧光塔，土地公筑花街。二者斗法一夜，五更时，土地公眼见要输给鲁班仙师，便模仿雄鸡打鸣。鲁班仙师以为天将亮，匆忙间未来得及将宝塔塔顶盖上，遗落在了塔边。

大颠祖师塔

建筑地址：汕头市潮阳区铜盂镇河陇村
始建年代：唐长庆四年（824年）
别名雅称：舌镜塔
规格形制：八角束腰形，塔高2.7米，塔身最大直径1.8米

■ 大颠祖师塔正面砌有方形神龛

唐朝时，韩愈因谏迎佛骨被贬潮州，却在潮州与潜心佛学的大颠和尚结下深厚的情谊。崇儒反佛的韩愈来潮后听闻大颠不但博学善辩，还甘居山林，耕山种果，造福一方民众，十分敬佩他的操守，于是抛开成见，求同存异，不断碰撞出了思想的火花。大颠和尚是潮阳人，俗名陈宝通，是潮阳灵山寺开创者和陆丰清峰寺开山祖师。在大颠和尚93岁圆寂后，他的门徒在灵山寺后修筑了一座钟形石塔安放他的肉身。

大颠祖师塔是潮汕地区保存最古老且最完整的墓塔之一，同时也是全国难得一见的钟形佛塔。这座塔的结构独特，上部为钟形的塔身，下部是正八棱柱形的塔座，其塔基由石板砌成，呈现出正八边形的形状，宛

如一口倒扣在地下的大钟。塔高2.7米，塔身最大直径为1.8米。塔座为八角束腰形状，四周雕刻着飞龙、麟、狮、熊等各种神兽和花卉浮雕图案，呈现出古朴而典雅的风格。这些雕刻作品中，飞龙的形态特别引人注目，它们身体短小、足部粗大、尾巴浑圆，展现出一种张牙舞爪、活力十足的戏宝姿态，与现代龙的造型明显不同。此外，单狮戏双球和麟奔熊逐等雕刻也各具特色。塔身由花岗岩砌筑而成，是空心结构。正面设有方形神龛，由莲花托举，龛内刻有“唐大颠祖师塔”六字，“颠”字刻成了“顛”，以强调大颠祖师大智若愚、似颠非颠的形象特点。塔前还附有一个石刻香炉和一对石刻烛台，丰富了这座塔的文化内涵。

大颠祖师塔被打开过三次，一次在大颠和尚圆寂后三年，门人遵先师遗嘱开启塔门；一次是在唐末重修大颠祖师墓塔时，塔开启后见大颠尸化，“唯舌根尚存如生”，故该塔又称“瘗舌冢”；宋至道年间（995—997年），开塔观看，舌根已化，仅余“古镜一面”，故又称“舌镜塔”。此塔从此笼罩上一层神奇的色彩，再未开启，至今保护完好。

■ 大颠祖师塔所在的灵山寺

云龙寺塔

建筑地址：韶关市仁化县董塘镇安岗村
始建年代：唐乾宁至光化年间（894—901年）
规格形制：高10.44米，占地面积100平方米
历史地位：广东省内现存唯一的唐代砖塔

距云龙寺塔200米处有一座寺庙，原名西山寺，在清康熙年间改名云龙寺，塔也因之更名为云龙寺塔。云龙寺的初建时间已不可考，唯有根据明朝正德十四年（1519年）《重建西山寺碑记》上“宝塔巍峨，上载乾宁之号；断碑始迹，中书光化之年”，可以推断出塔始建于唐昭宗乾宁至光化年间（894—901年）。

云龙寺塔是国内现存的唐代五古塔之一，塔平面呈四方形，是四角五层斗拱檐平座楼阁式实心砖塔，外貌完好，高10.44米，占地面积100平方米。方形须弥塔座中有一个锥形小室。塔每面等边2米，各层每面设一个壶形佛龛，有砖砌倚柱、额枋、斗拱，转角用三个一跳华拱，第二层以上则用一个栌斗。平铺横砖与菱角牙子砖互相

■ 阳光下映射着辉光的云龙寺塔

■ 俯瞰云龙寺塔

叠涩出檐，檐短浅，檐之上为叠涩须弥平座。平座高窄，反叠涩四注攒尖顶，没有塔刹，塔全身用红和灰色夹心砖膏泥砌筑，黄泥膏浆粘接，充分展示了唐代方形砖塔的独特魅力。

唐僖宗中和三年（883年），中国禅宗“五家七宗”之沩仰宗创始人之一的慧寂禅师（俗姓叶，董塘镇江头村叶屋人）圆寂于韶州东平山。慧寂坐化后，人们在当地为其建起此塔。

云龙寺塔与三公里外的澌溪寺塔还有一段传说。相传，古时有姊妹两位仙女分别在安岗和澌溪山造塔，为较量本领，她们同时开工，并约定以鸡啼时为限，谁先造好谁赢。于是二仙女各自施仙法造塔。临鸡啼之时，造澌溪寺塔的仙女眼见云龙寺塔已经建好，而自己所造之塔还差塔刹，于是心生一计，遂用仙法将云龙寺塔塔刹移来用作澌溪寺塔塔刹。待鸡啼时，澌溪寺塔已经造成，而造云龙寺塔的仙女也就因此告负。

千佛塔

建筑地址：梅州市梅江区金山街道东岩莲花山顶
始建年代：南汉大宝八年（965年）
规格形制：千佛石塔高36米，八角形，九层；千佛铁塔高4.5米，宽1.6米，方锥体

■ 千佛塔内的铁塔

1991年，在梅州千佛塔寺内，一座新的千佛塔正式奠基修建。这座石塔的设计别具匠心，其目的是妥善保护南汉大宝八年（965年）修建的千佛铁塔，如此便形成了“塔中有塔，塔上有塔”的独特艺术特色。原千佛铁塔在梅州东郊的修慧寺内，清朝时因寺毁，嘉应州官王者辅便将铁塔移至梅城东岩山顶。

这座有着逾千年历史的铁塔是用生铁铸造而成的，共有七层，高4.5米，四方形底座，宽1.6米，整体形状呈方锥体，每一层四个面的中心都供奉着大佛，周围整齐地排列着小佛像。计算下来，铁塔第二至六层分别有308尊、268尊、228尊、148尊、48尊佛像，合计1000尊佛像。第四层的佛像非常特

殊，四个面都有一尊大佛坐在莲花池座上，它们分别是东方的善德佛、南方的栴檀德佛、西方的无量明佛、北方的相德佛。第七层是合尖顶，塔的一侧有黄遵宪的《南汉修慧寺千佛塔歌》、丘逢甲的《南汉敬州修慧寺千佛铁塔歌》等碑刻。除了佛塔外，千佛塔寺还有大量的佛像、壁画、雕塑等，它们都是古代佛教艺术的精粹。整个寺院布局完整，构成了一个完整的佛教宇宙，展示出悠久的佛教文化。

1991年新建的石佛塔则高36米，八角九层，整座塔都用花岗石筑砌而成。二至八层墙内镶嵌千尊汉白玉佛，塔身外墙有32尊石雕佛像，九层供奉千尊鎏金铜佛像。千佛塔正门为赵朴初先生题匾及对联，一层外墙有6尊护塔天王石雕像，塔台周围石栏均有精美雕刻，正门及两侧各有石麒麟、石狮，工艺十分精湛。

■ 仰观千佛石塔

■ 三影塔广场

三影塔

建筑地址：韶关市南雄市城区三影塔广场北侧

始建年代：北宋大中祥符二年（1009年）

别名雅称：延祥寺塔

规格形制：六角九层楼阁式砖塔，外9层，内17层，通高50.2米

始建于北宋大中祥符二年（1009年）的三影塔又名延祥寺塔。当年，此塔在延祥寺光滑如镜的寺壁上反射出三个塔影，一影朝上，两影倒悬，故名为“三影塔”，可惜这一奇景因延祥寺损毁难以再现。

三影塔的塔身呈现出一种独特的形态。塔的基座设计精美，采用了华丽的须弥座，包括上下两层壶门柱子层。该基座与五代至宋初期间流行的三段式须弥座相似，但其高度仅仅是首层高度的四分之一。顶部的塔刹由覆盆、宝瓶、九层相轮和铜铸宝珠等部分组成，这些构件通过六条铁索固定在檐脊上，铁索的总长度达到12.89米，为塔增添了独特的视觉特点。塔前有一对红砂岩狮子，这对狮子是在1983年发掘出来的。它们呈蹲坐姿态，左右对称，头部相互对应，展现出精湛的石雕工艺。

三影塔每层都使用青砖来砌阑额、普柏枋和倚角柱。倚角柱上有斗拱三朵，阑额、普柏枋上有斗拱三朵，是仿木建筑的五铺作结构。斗拱以上棱角砖和拔檐砖叠涩出檐，支承挑出的密檐。檐上顶部覆盖铁红色琉璃瓦，檐脊的末端则各蹲伏着一匹酱红色的陶制貔貅，寄托祛灾祈福之意。各隔翼角下有夔龙首老角梁头，梁头下系铃铎，48只铃铎在每天清晨和风吹过时，叮当作响。塔内每层均有一个六角形内室，室内六依角柱上有斗拱一朵。内壁四面有佛龛，外壁正向六面各开一门，每层檐上均筑平座、建栏杆。

相传南朝时期，始兴、南雄瘟疫流行，梁武帝长子萧统为治病救民，奋力驱瘟。某年，他在瑞应山（今三影塔一带）见到一只貔貅，便斩下它的角磨水给百姓治病，很快扑灭了这场瘟疫。三影塔所在的延祥寺，便是为纪念他而修建的。千余年来，三影塔屡经风雨雷电摧残，历代虽有修葺，但终受损颇多，后经1981年和2013年两次修复，才得以完整重现古貌，再现千年雄姿。

■ 三影塔近景

龟峰塔

建筑地址：河源市源城区南堤路龟峰山上
始建年代：南宋绍兴二年（1132年）
规格形制：楼阁式砖塔，塔高42.6米，外观7层，内为14层
历史地位："河源八景"之首、"东江第一塔"

■ 龟峰塔近景

古时，东江河谷一带常发生山洪水患，居民认为这是水怪、水妖、龙王发怒造成的，所以用法器或神物镇压妖怪，以求一方安宁。南宋绍兴二年（1132年），当地建一塔于龟峰上，名为"龟峰塔"。

龟峰塔呈六角形平面，首层外围边长为4.8米，内边长为1.6米，墙体厚达3.3米，总高度达42.6米。这座塔外观上呈现出7层的形态，但实际内部共有14层，一明一暗，犹如竹子一般，节节上升，层层递进。每个层次都铺设了杉木楼板，并铺有方形砖瓦。在塔的内部，明亮的层次设有一门，通向另一层的平台，而暗层则设有上下两个穿墙的门，以及四个佛龛。平塔的结构采用青砖，平座和檐口都使用了隔层狗牙砖来建造，增加了塔的稳固性。与其他塔不同的是，该

塔平座的出檐部分更加宽厚。平座上还设置有木栏杆，每个六角形的层次都有角柱，柱之间相连的横架栏额装饰精美，呈现出典型的宋代仿木楼阁式砖塔风格。此外，每个塔层的檐口都使用了灰色琉璃瓦，施以瓦当滴水的设计。塔的角梁下方还悬挂着铜钟，为整座塔增添了一份别样的韵味。

在1989年龟峰塔获立项修复时，专家考证发现“河源塔无顶”这一民间传说，竟是缘于清朝咸丰二年（1852年）龟峰塔因年久失修而塔顶崩塌。龟峰塔无顶的状态持续了137年，在塔腔第六层发现的一条建塔时用来承托塔顶的大横梁、首层塔身外面的梁枋洞孔和从塔基周围出土的柱础石可以证实，该塔原有副阶存在，遂在修复时按宋式复原龟峰塔的塔檐。

龟峰塔是广东省罕见的年份可考的南宋早期楼阁式砖塔。在维修复原过程中，专家们先后发现几块纪年砖，其中一块上刻“绍兴二年壬子十一月二十九日砖”，另一块上刻“万历三十年修”。这两块铭文砖不但解开了该塔始建实际年代的千古之谜，而且还证实了明万历年间重修过一次的史实。

隔着东江远眺龟峰塔

高州宝光塔

建筑地址：茂名市高州市宝光路90号
始建年代：明朝万历四年（1576年）
规格形制：八角九层楼阁，通高65.8米，底座平面直径12米
历史地位：我国现存明代第二高塔

■ 高州宝光塔近景

“浮屠九级俯江流，乘兴抠衣豁倦眸。”这是明代知县张晓在江边佛塔上远眺滔滔江水的景象，他俯瞰的江流是粤西沿海最大的河流——鉴江，而他所在的九层佛塔则是鉴江河畔建于万历四年（1576年）的宝光塔。

宝光塔是一座八角九层阁楼式砖塔，顶部呈八角攒尖形，上方镶嵌着由铸铁覆盆、倒莲和铜铸宝葫芦组合而成的塔刹。塔身由青砖砌筑而成，每层都采用层层叠涩结构，仿佛一座坚不可摧的宝库。底层是护塔大佛像，高大而庄严，其余各层则摆放着精美的小佛像，华丽的装饰、粉彩的鎏金，每尊佛像都呈现出独特的形态。该塔塔基是庄严的

■ 坐落于鉴江畔的高州宝光塔

须弥座，束腰部分装饰着吉祥富贵、双凤朝阳、双龙戏珠等具有地方特色的花岗岩浮雕图案，共有23幅。此外，塔身两侧还有两座赑屃负碑建筑，每个角落都雕刻着托塔力士浮雕，它们高擎塔身，为人们带来安全和稳定的感觉。

古时候，高州常常遭受洪水的侵袭，因此宝光塔的建造被视为镇守水口的重要措施。有关宝光塔建造的传说流传甚广，其中最著名的是“一百个人开工，九十九人吃饭”的传奇。传说在建塔的时候，一百名工人努力工作，然而每天到了用餐时间，总是多出一份饭菜，大家都感到非常奇怪，为什么明明有一百个人在工作，却只有九十九个人用餐呢，难道有神仙相助？有人说潘茂名变身来帮助建塔，还有人说这庞大而艰苦的建塔工程感动了天神，于是派遣一位天将下凡协助工作，这些传说充满了趣味和神秘感。

冲虚古观

建筑地址：惠州市博罗县罗浮山朱明洞景区麻姑峰下
始建年代：东晋咸和二年（327年）
规格形制：四合院式，建筑面积4400多平方米
别名雅称：千年道观

罗浮山是中国道教十大名山之一，在其朱明洞南的麻姑峰下，有一座千年道观——冲虚古观。东晋咸和二年（327年），葛洪放弃高官厚禄，来到罗浮山创建东南西北四个道观，并在南庵冲虚观修道炼丹，采药济世，著书立说，从而奠定了罗浮山道教圣地的地位。

■ 掩映在树丛之中的冲虚古观

冲虚古观坐北朝南，是一座四合院式建筑，其庭院包括山门、正殿、两廊和偏殿等。殿宇共分六重，分别为灵官店、三清殿、吕祖殿、葛仙殿、元辰殿和黄大仙殿，合共有百余间房间。步入山门，抬头看到匾额上镌刻着“冲虚古观”，其名是北宋哲宗赵煦所赐，现匾额由清代两广总督瑞麟题写。大门楹联上刻有“典午三清苑，朱明七洞天”的字样。山门内的主体建筑是三清宝殿，其宽度为22.36米，深度为18.95米，总建筑面积达到423.72平方米。这座建筑采用了砖木结构，屋顶则采用了博古脊、硬山顶、琉璃瓦和穿斗抬梁混合式梁架，正脊上装饰着大型彩色陶塑。宝殿内供奉着三清以及张道陵、葛玄、许旌阳、萨守坚四位真君的塑像。殿堂内的画梁和彩壁精美华丽、金碧辉煌。

■ 冲虚古观近景

冲虚古观有三奇：在冲虚观内，主殿周围大树环绕，可是树叶却落不到瓦顶；观内不曾见蜘蛛网；位于三清殿左侧斋堂内的一口千年古井常年不枯，被叫作长生井，不仅如此，此井深度四季保持在两米左右，井水甘洌甜美，味极清香。

在抗日战争时期，冲虚古观曾是广东人民抗日游击队东江纵队司令部所在地。1945年5月底，东江纵队司令部、政治部及军政干校全部迁到罗浮山，其中，司令部就设在冲虚古观。1979年，东江纵队司令部旧址被列为广东省重点文物保护单位。现在冲虚古观的东侧开辟了一座东江纵队纪念馆，向世人展示这支英雄队伍可歌可泣的历史。

光孝寺

■ 光孝寺大雄宝殿

建筑地址：广州市越秀区光孝路北端近净慧路
始建年代：东晋隆安五年（401年）
别名雅称：“岭南第一古刹”
主要建筑：大雄宝殿、睡佛殿、六祖堂、伽蓝殿、瘗发塔、东西铁塔等

据传六祖惠能曾在印宗法师座下听经，风吹幡动，法师便问众人是风动，还是幡动，有两个僧人各持己见，议论不休，而惠能则说“非风动，非幡动，仁者心动”，众人骇然。这个“风幡论辩”的故事就发生在光孝寺中。

光孝寺是广州年代最古老、规模最宏大的佛教寺庙，被誉为“未有羊城，先有光孝”。在西汉时期，这里曾是南越王赵佗玄孙赵建德的宅邸。三国时期，虞翻在这里授徒讲学，因此得名“虞苑”。明成化十八年（1482年），明宪宗下诏赐予寺庙“光孝禅寺”的名号，至今沿用不衰。光孝寺遵循着古老而庄严的中轴线布局，以对称方式建造。中轴线上依次排列着山门、天王殿、大雄宝殿和瘗发塔，这些是寺庙的核心建筑，而两侧则对称地设置有长廊、钟楼、鼓楼、侧殿和六祖殿。大雄宝殿是光孝寺中最重要的建筑之一，其建造始于东晋隆安五年（401年），供奉着华严三圣。宝殿保留了唐代建筑艺术的特点，采用了梭柱结构，这些柱子在中部较粗，逐渐向两端细化。与北方的柱子通常只在上端有收分不同，福建、广东等地的柱子多为上下两端收分，而光孝寺的柱子正是如此。

■ 瘗发塔

光孝寺的东、西铁塔都是富有艺术价值的古老建筑，分别位于大殿的东西两侧。东铁塔建于南汉大宝十年（967年），总共七层，高7.69米，平面呈四角形。它的基座上雕刻着盘龙图案和莲花宝塔，制作精湛，是国内已知最大、最古老、最完整的铁塔。西铁塔建于南汉大宝六年（963年），由太监龚澄枢和他的女弟子邓氏三十三娘铸造。它的造型、佛像雕刻与东铁塔相似，尽管如今只剩下三层，但依然展现出了其古朴的面貌和精美的雕刻工艺。

南华禅寺

建筑地址：韶关市曲江区马坝镇东南7公里的曹溪之畔

始建年代：南朝梁武帝天监元年（502年）

别名雅称：中兴寺、法泉寺、“东粤第一宝刹”

■ 香火旺盛的南华禅寺

传说，南华禅寺由梵僧智药三藏开创，他到五台山礼拜文殊菩萨，路过曹溪口时掬水饮之，觉水甘美，遂溯源至曹溪，又觉周边山川奇秀，流水潺潺，便倡议村民们建造寺庙，名“宝林寺”。后六祖惠能驻锡曹溪宝林寺，传授禅法37年，得法弟子43人，在他开创禅宗顿悟法门之后，宝林寺经两次改名，至宋太祖赵匡胤开宝元年（968年）敕赐“南华禅寺”，沿用至今。

南华禅寺，傍山而立，其殿堂沿着中轴线严密布局，结构井然有序，主次分明。曹溪作为第一道山门，高悬着“敕赐南华禅寺”的竖匾，左右对联为：“庾岭继东山法脉，曹溪开洙泗禅门。”经过放生池和五香亭，便来到了第二道山门——宝林门，上方悬挂着“宝林道场”的匾额，而钟楼和鼓楼则相对而建。主殿为大雄宝殿，高16.7米，宽34.2米，进深28.5米，屋顶为重檐歇山顶，前后有七根柱子和二十六根横梁支撑，柱顶铺设有六铺作，呈现出宏伟壮观的气势。门窗采用多花格门和格子窗

■ 南华禅寺山门

椟。大雄宝殿内供奉着三宝大佛，佛像高达8.31米，整身镀满了金箔。观音菩萨的泥塑则矗立在二宝佛的后屏墙上，大雄宝殿的四壁和后屏墙上有五百罗汉的泥塑群。

寺内还有一座楼阁式的八角五层砖塔，名为灵照塔，高达29.6米，底部直径达11米。塔顶采用铸铁制成，呈现出“窣堵婆”式的形状，塔身上有铜铸的宝瓶塔刹。这座塔最初建于唐代先天年间（712—713年），至今仍保持着明代的原貌，是南华寺中最古老、最高的建筑。祖殿中央有三座仿照阿育王式木塔的佛龛，分别供奉着三尊真身祖师像，左侧供奉的是明代丹田和尚的真身，右侧供奉的是明代憨山德清和尚的真身，中央供奉的是禅宗六祖惠能的真身。

1922年，孙中山北伐驻留期间曾捐资修缮南华禅寺。高僧虚云大师亲自募化和主持，移位重建南华寺，共建造殿堂房宇楼阁243楹，塑造佛像670尊。今除灵照塔仍为明代建筑、六祖殿尚保存部分明代建筑外，其余建筑皆为虚云大师重建。

潮州开元寺

建筑地址：潮州市湘桥区开元路32号

始建年代：唐代开元二十六年（738年）

规格形制：占地面积11 031平方米，宫殿式四合院建筑群

别名雅称：“粤东地区第一古刹”“百万人家福地，三千世界丛林”

“潮州有幸得开元，开元有缘在潮州。”潮州当地的老人们常把这句话挂在嘴边。开元寺这座千年宝刹，与潮州的缘分无法割舍，它默默守护了这座岭东首邑一千余年，也为潮州增添了厚重的历史文化底蕴。

唐朝时，玄宗皇帝诏令全国挑选十大州郡，各建大寺，都以当时的年号“开元”为名，潮州开元寺便是其中一个。开元寺规模宏大，肃穆壮观。山门外的照壁，嵌有“梵天香界”石刻。内分四

■ 开元寺大悲殿

进，首进为金刚殿，二进天王殿，三进为主体建筑大雄宝殿，后进为藏经楼。主体建筑大雄宝殿耸立在寺庙中心位置。重檐歇山顶平缓，硕大的屋顶覆盖着殿身。大殿隔扇多用彩漆描绘，殿中供奉三世佛，两侧是形态各异的十八罗汉像。大殿内有一座造型典雅精巧的红铜香炉，炉沿镌刻汉文“开元寺禅堂香炉一座永远供奉三韩弟子任国祚”，传说为唐代来此参学的韩国僧人所赠。大殿四周的石栏，有78块唐宋石刻，石碑上刻有“释迦牟尼出家”“白马逾城”“青山断发”等佛教故事以及奇兽珍禽、莲花瑞草等图案形象。

■ 潮州开元寺内的石经幢

值得一提的是，寺中陈列着一批十分珍贵的历史文物。例如元泰定二年（1325年）用陨石雕就的大香炉，高1.4米，有“天上材料，人间工艺”之美称。还有一座建于明末的金漆木雕千佛塔，塔基6个柱头分别刻成6尊力士，6面浮雕玄奘取经故事。此外，寺内还存有北宋政和四年（1114年）铸造的千斤铜钟、元代的铜云钣等。

潮州流传着一句谚语：“阔过开元寺。”原意是指潮州开元寺雄伟宽阔，也蕴含着佛法广阔无边的寓意。民间有不少与此相关的传说，其中一个甚为有趣：一个小和尚在寺中熬汤，盛汤大鼎庞大无比，和尚手中的勺子不慎掉进鼎里，于是他急忙找来一叶小舟，游弋在大鼎里，捞了大半天才把勺子打捞上来。鼎尚如此，开元寺之阔，可见一斑。

梅庵

■ 为纪念六祖建造的梅庵

建筑地址：肇庆市端州区梅庵路十五号

始建年代：北宋至道二年（996年）

规格形制：占地面积约6000平方米，建筑面积1400平方米

别名雅称：“千年古庵，国之瑰宝”

梅庵以梅花命名，园内种植了大量梅花树，每到冬日，梅花盛开，游人纷至沓来。唐代六祖惠能颇爱梅花高洁，外出云游时每到一处都插梅为记。五代梁时，智远和尚为纪念六祖，在惠能插梅处草创茅庵。宋至道二年（996年）建成砖木结构的庵堂，取名梅庵。

梅庵现今的主要建筑包括山门、大雄宝殿和六祖殿，还有一些附属建筑如六祖井、常光亭和六云亭等。山门是清代的建筑，拥有三间宽的硬山顶，前面有凹门廊，两侧有耳房。山门的墙上有檩条，使用水磨青砖精巧拼接，后部有檐廊，与天井卷棚两廊相连，为岭南寺庙的典型建筑风格。走进山门，人们将会看到梅庵最重要的建筑之一——大雄宝殿。这座大殿留存了唐宋风格相结合的特色，如斗拱拱头无拱瓣、斗底刻皿板、斗拱保留拱栓和昂栓，并保留了宋代木结构的形式和工艺特色。大殿内有

■ 仍保存着唐宋相结合建筑风格的大雄宝殿

四根梳形木金柱，配以雪白的复盆式矮柱础，显得庄重古朴，雄壮有力，充满稳重和威严。梁架结构采用十架椽，柱头为外出四跳单杪三下昂七铺作，里转华拱两跳承托乳栿。其中，大殿中的“虾弓”形托脚非常精致，这在保存至今的宋代建筑中已经很难找到了。六祖殿建于明代，后在清代进行过修复。它有0.55米高的台基，平面为三开间，进深为四柱四间，屋顶采用硬山顶，前后的金柱间距为5.25米。大殿仅在正中间采用了木质结构，两侧采用山墙来支撑，后部则用砖墙封顶，营造了宽敞的空间，给人一种高远的感觉。大殿的两侧柱下和石柱底部使用了古老的木工技艺，独具特色。

传说惠能在回故乡新州途中，客居端州城西一山岗。见山岗后枕北岭，前俯西江，实为风水宝地，便在岗上植梅，并以锡杖掘井为记。因此建成的梅庵，为后人留下“物情欣自得”之处，吸引不少学者和诗人、书画家雅集。

■ 元山寺全景

元山寺

建筑地址：汕尾市陆丰市碣石镇汕尾玄武山
始建年代：南宋建炎元年（1127年）
规格形制：多单体建筑四合院，占地面积15万平方米
别名雅称：玄山寺

元山寺原名玄山寺，始建于南宋建炎元年（1127年），明洪武二十七年（1394年）改建，万历五年（1577年）由碣石卫总兵侯继高主持扩建。该庙供奉北极真武玄天上帝，与湖北武当山祖庭、佛山祖庙一脉相承。清康熙时，为避玄烨名讳，改“玄”为“元”，且释道汇流，故名元山寺。

元山寺依山而建，为四合院式宫殿群体寺院，采用了中轴对称的布局，结构严谨。三进殿宇沿多级台阶直通正殿，庙宇格局设计周密，遮阳曲径四通八达，有山门、前殿、中殿、配殿、厅堂、僧房和廊庑等建筑物99间。元山寺的整体地基随山势而抬升，整体建筑的内部地基也进行了分级抬高。从山门到正殿的神像，共有三处抬升，累计高差达3.66米。地基的抬高及光线的明暗递变烘托出了庄严、肃穆、神秘的宗教氛围。

元山寺内除供奉北极真武玄天上帝外，还有释迦牟尼、观世音、弥勒佛等，释道汇流，从明代起寺僧衣钵相传了二十六代。清光绪二十二年（1896年）举办首届重光庆典，至今已举办一百二十余届。每逢庆典，元山寺都要修缮庙宇，重光佛像，举行开光仪式、水陆法会等盛大佛事活动和布置彩街、表演戏曲、燃放烟花、舞狮、舞鱼灯等民俗活动。

寺前保存着一座建于明万历年间的大戏台。清乾隆十五年（1750年），当地官绅集于庙宇前建戏台，使戏台、庙宇、福星塔三点连成一线。每年农历三月初三和九月初九前后，这里会连续多天上演地方剧目，这座戏台也是粤东地区现存最大的一座庙宇古戏台。戏台造型古朴，气势雄伟，最令人叫绝的是戏台上的木雕、石刻，人物、花鸟、故事栩栩如生，千姿百态，使戏台成为一座精致的明代建筑艺术品。

■ 元山寺结构严谨、庄严肃穆

五仙观

建筑地址：广州市越秀区惠福西路233号
始建年代：明代洪武十年（1377年）
别名雅称：奉真观

广州“羊城”“穗城”之别称，起源于一段传说：有五位仙人，身穿五彩衣，骑着五色羊，拿着一茎六穗的优良稻谷种子，降临“楚庭”，将稻穗赠给当地人民，并祝福这里永无饥荒。之后，五位仙人便腾空而去，五只羊则变成了石头。广州人立祠以祭祀五仙，据五仙观古碑刻记载，广州人祭祀五仙约已有近两千年历史，“粤东祠庙之古无过五仙观”。

五仙观内的“五羊仙迹”牌坊

■ 五仙观内的“岭南第一楼”

五仙观四度迁址，北宋时期在十贤坊，南宋迁至西湖路，明初迁至坡山，即今广州越秀区惠福路，再未易址。五仙观是谷神庙，所奉祀的五仙，分别是东、西、南、北、中五方神。明清时期，五仙观规模相当宏大壮丽，殿堂多达十数处，原有照壁、牌坊、山门、中殿、后殿，两侧还有东西斋、三元殿、廊庑等。现存的五仙观为明代洪武十年（1377年）所建，其后殿是广州现存最完整的明代宫殿式木构建筑，既有中原古建筑的端庄稳重，又有岭南建筑的秀巧通透。

殿后有“岭南第一楼”，是广州唯一的明代钟楼建筑，建有两层，其上部木构建筑曾毁于火患，现存的为清乾隆期间重建，其下部基座仍为明洪武年间原物。二楼正中悬挂着一口明代青铜大钟，称为“禁钟”，无事禁止撞钟，只有在遇到火警之类的非常事故时才会鸣响。“岭南第一楼”也因此有了另一个名字——“禁钟楼”。台座上部正对铜钟的位置为一巨大的方形竖井洞口。巨大的台座、台座上的楼体结合铜钟使钟楼形成空透的特点，三者浑然一体，共同组成一个巨大的共鸣装置。一敲钟，声自券形门洞传出，钟鸣远播，声闻十里。这种设计独具匠心，充分体现了古人的智慧。

肆

祠庙留芳

YACANG LINGNAN

雅藏岭南

留耕堂

建筑地址：广州市番禺区沙湾古镇
始建年代：南宋德祐元年（1275年）
规格形制：面积3334平方米，中轴对称五开五进格式布局
主要建筑：头门、仪门、象贤堂、后殿

“阴德源从宗祖种，心田留与子孙耕。”番禺沙湾大族何姓的宗祠——留耕堂之名，源自大儒陈献章的这副对联。心田，将人之内心喻为一块田地，将其留与子孙耕，是希望子孙后代多做善事，多积阴德，将祖宗积累的阴德代代相传。

留耕堂与资政大夫祠、陈家祠并称为广府三大宗祠，是广东省汉族民间乡村祠堂建筑设计的典型代表，始建于南宋德祐元年（1275年），数百年来历经劫难，屡毁屡建。现规模是清康熙三十九年（1700年）扩建而成。祠堂为中轴对称的五开五进格式布局，平面呈南北长条形，依次分为头门、仪门、象贤堂、后殿等四大部分。整座留耕堂以柱多而出名，共有木、石柱112根。这些木柱的原料，当时是从东南亚国家采购回来的。例如当中的拜厅，称为象贤堂，其进深16米，由横向四列、纵向七列一共28根巨柱支撑，除4根石柱外，其余皆是木柱。

全祠集中体现了元、明、清各个朝代的建筑艺术，木刻、石刻、灰塑等建筑工艺各具风格。在陈献章所书的“诗书世泽”的牌坊上，有一条沿正脊横卧的龙，这是一条用灰塑制成的回龙。中国古典的建筑布局讲究对称，建筑装饰也不例外。“诗书世泽”上的回龙恰恰打破了两边对称的惯例，回首望尾的姿态在古建筑中甚为罕见。

留耕堂头门前的广场为“天阶”。天阶之南是风水塘。古人凡科场得意、取得功名，必于祖祠前竖旗杆，祠内悬金匾。在留耕堂风水塘的北面，就伫立着几座旗杆夹，彰显了何氏家族世代书香的深厚底蕴。何氏先后涌现文武进士8人、博学鸿词省元1人、文武举人近50人。北宋政和年间何氏三兄弟何棠、何栗、何榘同中进士，留下“三凤流芳”的佳话。

■ 留耕堂前有座四方塘

■ 留耕堂“诗书世泽”牌坊

广裕祠

建筑地址：广州市从化区太平镇钱岗村
始建年代：明朝永乐四年（1406年）
规格形制：面宽三间，13.94米；进深三间一照壁，59.115米。总建筑面积825平方米

祥兴二年（1279年），元军大举进攻南宋，名臣陆秀夫等人辅弼幼主南下广东崖山，最终兵败。陆秀夫宁死不屈，背起年幼的宋末皇帝赵昺投海殉国。自此127年后，其第十一代孙陆广裕，在如今的广州从化区太平镇钱岗村主持修建了一座陆氏宗祠，即广裕祠。

广裕祠坐北朝南，是一座砖木结构悬山顶式建筑。祠堂面阔三间，深三进，从南至北依次由低而高建有照壁、八字翼墙、第一进门堂、天井及东西廊，第二进中堂、天井及东西廊，第三进祖堂。第一、二进为抬梁式结构，梁底驼峰上雕刻的大部分是卷云纹饰，风格粗放古拙，体现了明代风格；第三进为穿斗式梁架，虽为清初重建，但仍带有

■ 广裕祠正门

■ 俯瞰广裕祠

明代风格，如梭柱有收分，柱与柱础间施柱檩，用月梁等。三进皆有木柱，主要为红砂岩柱础，亦有部分花岗岩柱础，而且都有柱櫍。两个天井四周地基仍以红砂岩作基石。屋顶有明显的举折和生起，龙船形正脊，与垂脊钩心斗角。

祠中有一件被誉为“广州的清明上河图”的旷世珍宝，就是西更楼上的一块长860厘米、宽30厘米、厚3.5厘米的“江城图”封檐板。它由三段樟木雕刻组成，有200多年历史，反映了清代广州珠江河北岸沿江城市风光和乡村生活风情。手法主要为浮雕，也有少部分的镂空雕刻，雕刻中有各种人物49人、各种船只29艘、岸边各种建筑以及140余棵枝繁叶茂的榕树。从左到右可看到西炮台、归德城门、镇海楼、海珠炮台、天字码头、东炮台和赤岗塔等建筑，现被称为“珠江江城图”。

目前，广裕祠是全国唯一一座被发现有6次确切大修年代记载的祠堂。2003年，广裕祠荣获联合国教科文组织文化遗产保护竞赛“亚太地区文化遗产保护杰出项目奖第一名”的奖牌和证书。一代又一代钱岗人对祠堂最质朴的敬仰赢得了世界赞誉。

茶东陈氏宗祠群

建筑地址： 中山市南朗街道榄边茶东村
始建年代： 明代末年
规格形制： 占地面积约2500平方米，建筑面积约1500平方米
主要建筑： 陈氏宗祠、净溪陈公祠、贡三陈公祠和里仁祖家庙

珠三角流传着一句谚语：“天下李，广东陈，黄林满街排。”这说的是广东是陈姓第一大省。广州有一座闻名遐迩的陈家祠，而中山也有一座历史悠久的陈家祠——茶东陈氏大宗祠，它是中山现存最大的宗祠。

■ 陈氏宗祠仍然延续着明末清初的形态

茶东陈氏宗祠建筑群由陈氏宗祠、里仁祖家庙、贡三陈公祠、净溪陈公祠组成，其中陈氏宗祠始建于明末，清康熙三十三年（1694年）重建，雍正、乾隆、嘉庆、光绪年间多次重修，如今的建筑整体依然延续着明末清初的形态。陈氏宗祠建筑面积约1200平方米，该祠坐西北向东南，三进三间，辟有雨廊，砖木结构、硬山顶、龙船脊、镬耳山墙。门口纹丝不损的花岗岩护栏，雕刻着花卉葫芦和八仙人物浮雕。步入门内，天井足足有篮球场那样大，都用花岗岩铺设，两旁是连通的大厢房。移步前行，可以看见名为“星聚堂”的大木匾悬挂在正梁中间，颇有气势。

■ 陈氏宗祠内的仁耕堂

里仁祖家庙供奉的是茶东陈氏三世祖陈里仁，大门上有一副楹联：“镇国英风远，传家福荫长。”镇国英风，指的就是镇国将军陈里仁。他年少从军，骁勇善战，曾奉旨出战琼州，战果辉煌。他在班师回朝时，因面圣心切，不畏千里冰封，策马过河，谁知途中冰块消解，不幸堕河。此后，朝廷追封其为镇国将军，加封感应普圣侯，立庙刻像，并赐龙牌石狮。茶东村的后人便兴建此家庙以示纪念。

如果仔细观察宗祠大门两侧的木梁，在那横梁斗拱之间，赫然可见数十个木雕的习武者形象，它们栩栩如生，或赤手空拳，或挥刀弄剑，各路招式无所不有，招式形态无一重复。作为缅怀念祖的圣地，如此展现“十八般武艺”，或许正是茶东陈氏对“精武”精神认同的体现。

丁氏光禄公祠

建筑地址：揭阳市榕城区打铜街
始建年代：清同治至光绪初年
规格形制：占地面积6100平方米
别名雅称：丁日昌旧居

■ 丁氏光禄公祠正门

“师外人之长技以为己之长技。”清代政治家丁日昌是一位典型的洋务派官员，江南机器制造总局、开平矿务局、台湾铁路等均是在他主持、倡导或参与下完成的，民国时期《广东新通志》称他“吏治洋务，尤卓绝一时”。丁氏光禄公祠便是他生前的府第。

公祠为高台基三进厅四合院结构，主体建筑坐北朝南，为“驷马拖车”格局，分四直巷、二天井，中轴线为二进院落。鸟瞰之下，公祠平面结构呈繁体的“兴”字形，共有大小房屋99间，地下室1间，规模宏大，布局实用，为典型的潮汕地区祠堂风格，称为“百鸟朝凤”。周围三面渠水环绕，垂柳拂水，形若半岛。东西斋舍滨水映绿，取“智者乐水”之寓意。正门是石门框，大门檐柱为八棱工字础。原有石狮、旗杆夹斗座，现已不知所踪。

丁氏光禄公祠在潮汕建筑风格为基础上，融入了广府的月台、西洋的花纹图案，又结合了中国园林的表现手法。府第集祭祀、居住、书塾等多种功能于一身，寨围前原还有半月形水池，现在已经被填。寨围左右由22座来自不同方向的下山虎民居朝卫，而“丁氏光禄公祠”则为全寨的中心。

丁日昌是广东省丰顺县人，在政务之余，他手不释卷，尤酷爱搜聚典籍，是清代三大藏书家之一，辑有《持静斋书目》。他还曾组织人员翻译法国人所绘著的中越边境地图和说明，以揭露法国的侵略行径。光绪八年（1882年），丁日昌在揭阳逝世。第二年，光绪帝诏授他为“光禄大夫建威将军赏戴花翎正一品封典”。

新中国成立以来，丁府曾被征为县人民会堂，承接过一些重要的会议和文艺演出，后又一度成为党政机关单位办公地。1998年，丁府被开辟为丁日昌纪念馆暨揭阳民俗博物馆，收藏着近2000件珍贵藏品。2024年5月，丁氏光禄公祠修葺一新对外开放，游客们得以在祠内更好地了解丁日昌的事迹。

■ 丁氏光禄公祠全景

己略黄公祠

建筑地址：潮州市湘桥区义安路铁巷2号
始建年代：清光绪十三年（1887年）
规格形制：面宽18.54米，进深25.70米，建筑面积550平方米
别名雅称："潮州木雕一绝"

潮州木雕是我国著名的四大木雕流派之一。要看潮州木雕就不能错过已略黄公祠，它至今保留着一百多年前的潮州木雕作品，雕刻做工精巧华丽，被誉为"潮州木雕第一绝"。

已略黄公祠始建于清光绪十三年（1887年），是一座五开间二进四合院式小型家庙，原本是祭祀潮州望族黄己略的私人祠堂。祠堂坐北向南，首进与后厅之间是天井，两侧有廊轩，后厅有拜亭，形成四厅相向的格局，这是潮州地区常见的"四点金"建筑形式，以工艺精湛、富丽堂皇的装饰艺术著称。前厅门厅为抬梁式石构架，石门匾刻"已略黄公祠"，背面镌刻着"孝思维则"四个字。整座祠堂建筑结构独特，其门楼两侧及四周墙壁均镶嵌有精美的山水石雕画幅，尤其是马面坡屋架的镂空双面雕，工艺最为精湛。

拜亭梁下的木雕是整座祠堂中木雕最集中、最精彩的地方。拜亭木载下两边饰有十八只金漆木雕凤凰，工艺精雕细刻，传神生动，仿佛要振翅飞翔。它与其他金漆木雕融为一体，展现出一个金碧辉煌、精美绝伦的空间。这些鸾凤还是房梁的主要构件之一，它们在视觉感上将沉重的梁架抬高，减少了空间的压抑感。十八只凤凰顶着梁柱，还起着斗拱的作用，构思和工艺如此精妙，堪称艺术和建筑完美结合的佳作。

公祠中的木雕、石雕洋溢着浓郁的岭东乡土气息，主要题材包括民间故事、戏曲传奇，也有“韩江丽景”等地方题材。潮汕匠人们不惜工本，一刀一刻，将戏剧曲艺、历史典故、民间故事、神话传说以及当时现实社会生活的方方面面都搬到了木雕上，在狭小的画面上展开丰富的情节，故事人物栩栩如生，技艺精妙，令人叫绝。

■ 己略黄公祠内的金漆木雕梁架

■ 己略黄公祠正门

陈家祠

建筑地址：广州市荔湾区中山七路
始建年代：清光绪十四年（1888年）
规格形制：坐北朝南，“三进三路九堂两厢杪”院落式布局，占地面积约13 200平方米
别名雅称：陈氏书院、百粤冠祠

■ 陈家祠聚贤堂

郭沫若曾有诗曰：“天工人可代，人工天不如。果然造世界，胜读十年书。”这称赞的就是有“百粤冠祠”之名的陈家祠——岭南地区规模极大、建筑工艺极高的传统祠堂建筑。

陈家祠，是广东省七十二县陈氏族人出资合建的合族祠。合族祠指因共同的姓氏和先祖聚集在一起，但彼此之间的血缘关系很弱的氏族修建的祠堂。陈家祠大门牌匾上写了“陈氏书院”四个字，当时陈氏家族的子弟赴省城参加科举考试、候任或办理事务，可以在这里临时居住。

■ 陈家祠精美的雕刻艺术

提起陈家祠，民间常有“七绝”之说，即“三雕两塑一画一铁铸”。“三雕”指的是木雕、砖雕和石雕，通常用以装饰主体建筑。木雕通常雕在门窗、梁柱或者屏风上，有浮雕和镂雕两种不同的工艺，图案繁复华丽；而大门口石栏上憨态可掬的瑞兽图案，则多是石雕作品；墙面常以大幅砖雕作装饰。“两塑”一般是用来装饰屋脊的，有灰塑和陶塑两种，尤其是陶塑，色彩斑斓，在阳光下光彩夺目。而所谓“一画”，是指东西厢房的壁画，一幅描绘王勃写《滕王阁序》的情景，一幅描绘李白春夜于桃李园设宴与亲友斗酒赋诗的场景。“一铁铸”则是指石栏上的铸铁栏板。陈家祠的雕刻题材是图必有意，意必吉祥，工匠们将中国传统故事、神话传说等具有祥瑞美好寓意的文化要素融入创造中，如陶塑“麒麟送子”、砖雕“五伦全图”、石雕“八仙过海”等，都寄寓了人们对美好与高尚事物的追求与向往。

如今的陈家祠，是广东民间工艺博物馆的所在地，在一览古祠风貌外，还能在移步之间观赏牙雕、玉雕、广绣、潮绣、潮州木雕等岭南地区各类传统工艺，感受民间艺术的精髓。

雷祖祠

建筑地址：湛江市雷州市白官公路
始建年代：唐贞观十六年（642年）
规格形制：硬山顶式桁架结构
别名雅称：岭南第一祠

对大唐有“立我边疆，宁找黎庶”之功的陈文玉，是唐代雷州的首任刺史。任职期间，他励精图治，使雷州半岛人民安居乐业。贞观八年（634年），他上奏请求改合州

■ 雷祖祠山门

■ 雷祖祠三门石牌坊

为雷州并沿袭至今。因此，他被尊称为“雷祖”，而雷祖祠也正是为纪念他而修建。

雷祖祠依山而筑，分三进，祠堂建筑沿中轴线布局。进入祠内，要先通过一个三门的石牌坊，上面雕刻着“雷祖祠”三个大字。经过石桥，便是山门，山门前有副对联：“霹雳开天南一祖，声名为海北同尊。”左右石狮守护着古祠，两侧置钟楼、鼓楼，此为第一进。第二进为祠的主体建筑，设有拜亭与“雷祠三殿”接连，整个建筑平面呈“凸”字形排列。正殿奉雷祖陈文玉，面阔、进深各三间，硬山顶，穿斗式梁架，举架平缓，前廊深达十一步架之多。正殿两边翘起的飞檐上有飞龙灰塑装饰，正脊上也有灰塑的动物和植物图案，极富岭南特色。正殿前有精雕细刻的大木屏风，用来遮挡视线。左右配殿有前檐廊相通，右边祀英山“石神”，左边祀西汉飞将军李广。走入第三进，即是祀奉陈文玉之父陈铁的太祖阁。太祖阁右侧花园内有连廊、碑廊，与假山、水池、喷泉、花圃等融为一体。

关于雷祖的传说有很多。因雷祖逝后无墓，且《雷祖志》记载了雷祖“升天成神”的故事，后续便由此衍生出更多带有神话色彩的故事，如“九耳呈祥”“霹雳开蛋”“白日升天”等。雷州这块土地上形成了极具特色的“雷祖文化”，“雷州石狗”“五代石人”等文物与习俗，是当地民族的融合与团结的结晶，祭雷活动中的“雷州换鼓”节目还与“广德埋藏”“登州海市”“钱塘江潮”并称为“天下四绝”。

韩文公祠

■ 依山而建的韩文公祠

建筑地址：潮州市湘桥区桥东街道桥东社区东兴北路18号

始建年代：北宋咸平二年（999年）

规格形制：占地面积134.64亩（约合89 760平方米），建筑群体总面积超11 868平方米

主要建筑：历代碑刻、侍郎阁

“一封朝奏九重天，夕贬潮阳路八千。”元和十四年（819年），韩愈因谏迎佛骨而被贬潮州。韩愈在潮八个月，切切实实为潮州民众办了不少好事，如“驱鳄除害、关心农桑、赎放奴隶、兴学育才”，尤其是兴学育才，遂使旧时尚为蛮夷之地的潮州，逐渐有了“海滨邹鲁”之雅誉。

后人为纪念韩愈而建祠。韩文公祠始建于北宋咸平二年（999年），始置于金山麓郡治前夫子庙正室东厢；南宋淳熙十六年（1189年）迁至韩山今址，至今已有八百多年历史。晚清光绪十三年（1887年），两广总督张之洞巡视潮州时着令知府方功惠大修，形成了今日所见的格局。

虽地处粤东，但韩文公祠却带有明显的广府特征。祠宇依山而建，内分前后二进，并带两廊，顺山势处理为祠前祠内跌落式。正殿所在的上厅比下厅高出2.5米，走进祠内，仰望中央正坐的韩愈像，更显上厅之尊崇。祠内石柱镌刻对联，四壁环嵌历代碑刻40面，年代最早的是苏轼的《潮州韩文公庙碑》。正殿左侧有碑刻“功不在禹下”，这句话本出自韩愈的文章，用以称赞孟子传播儒家思想的功绩不比大禹治水低，后人却反过来引用他的话来赞颂他。祠体山面封火墙高耸厚实，方屈脊屈曲有序，封火山墙两垂肩同正脊一般叠置方屈脊并两面镶贴黑、白、淡绿、米黄、浅赤相间的瓷片，构成素雅大方、古朴稳重而又格调高雅、风格独特的屋面，与潮州同类建筑之屋面脊饰殊异。

饶有趣味的是潮州八景之一——韩祠橡木。相传祠前有韩愈亲手栽种的橡木，人们还把树的生长情况和当地的试举联系起来，用花开之多寡来预卜科举名列之盛衰。遗憾的是，乾隆中后期橡树慢慢枯萎，后从韩愈故乡河南移栽30多株橡木在新辟的橡木园中。如今春日到来时，橡木花总会如期盛放。

■ 韩文公之祠

陈白沙祠

建筑地址：江门市蓬江区白沙大道西37号
始建年代：明万历十二年（1584年）
规格形制：四进院落四合院式，占地面积980平方米
主要建筑：贞节牌楼、春阳堂、贞节堂、崇正堂、碧玉楼

战国时期有孟母三迁的典故，明代也有陈献章母亲林氏择邻而居的佳话。在陈献章十岁时，陈氏举家从都会村迁至白沙村。而后才有陈献章在白沙村讲学，并由此扬名于世的儒林盛事。陈献章，人称“白沙先生”，世称陈白沙。他继承了孔孟的儒家思想，开明儒心学之先河，实现了由理学向心学的转变。

陈白沙祠的前身是陈白沙家祠，始建于明万历十二年（1584年），由南京礼部尚书何维柏、新会知县袁奎等人为纪念陈献章，倡议捐资建造。陈白沙祠为四合院式，共四进深，依次可见春阳堂、贞节堂、崇正堂、碧玉楼，均为面阔进深各三间、山墙搁檩、硬山顶、绿琉璃剪边，前后建筑以左右对称的庑廊相连接。

祠堂左右两侧边门分别写着“鸢飞”“鱼跃”，正门上方悬挂着写有“圣代真儒”几个大字的牌匾。走进门去，正是以白沙先生生前读书与讲学的处所“春阳台”命名的“春阳堂”，屋梁上刻有人物、花果、龙凤等多种图案，活泼生动。“贞节堂”木匾为陈白沙的老师吴康斋所书，这是祭祀其父母之所，屋正脊饰有仰莲座承托火焰形宝珠的陶塑，两端饰有鳌鱼陶塑的吻兽。后座“碧玉楼”为陈白沙生前所建，因楼内曾藏有一块圭璧玉而得名。

陈白沙祠前木石牌楼是广东仅存的两处明代牌楼建筑之一，正面悬竖刻阳文“圣旨”二字木匾，横悬刻阴文“贞节”二字木匾，这是为表彰陈白沙母亲林氏因夫君早逝，从24岁起便开始守寡，含辛茹苦将陈白沙兄弟抚育成人而建。在母亲病重时，陈白沙作《乞终养疏》，请求归家奉母。从此以后，陈白沙就一直隐居，侍奉老母，致力于讲学，培养了不少人才，成为岭南地区唯一入祀孔庙的大儒，有“圣代真儒”“岭南一人”之美誉。

■ 木石牌楼前竖立着陈白沙塑像

■ 陈白沙祠大门上悬“圣代真儒”匾额

古榕武庙

■ 古榕武庙藻井令人叹为观止的木雕艺术

建筑地址：揭阳市榕城区天福路
始建年代：明万历二十九年（1601年）
规格形制：三间三进四合院，占地面积1400平方米
别名雅称：北门关帝庙

与“文圣”孔子相应，三国蜀汉著名将领关羽，被后世尊称为“武圣”，留下“策马刺良于万众之中，斩其首还”等战功，在英雄豪杰辈出的三国时期也格外耀眼。但有才的将领在中国的历史上并不罕见，为什么“武圣”偏偏是关羽呢？不仅因为他戎马一生取得赫赫战功，更是因为他身上具有忠、义、勇等品格。

揭阳古榕武庙祭祀的对象便是关羽。武庙采用了三进院落四合院的设计，院落布局整体呈对称，从山门、两廊、拜亭、大殿，一直延伸至后楼，这些元素巧妙地相互组合，呈现出坚固稳定、刚毅挺拔的风采。庙内的正殿采用了九脊重檐的歇山顶结构，正脊上点缀着双龙戏珠的精美雕刻，而山墙正上方则镶嵌了精致的石雕，华美而典雅，屋脊上则镶嵌着精湛的花鸟瓷嵌，工艺之高超可见一斑。

古榕武庙独具的两大特色着实令人叹为观止。首先是庙内随处可见的精美木雕，前厅内的八卦形藻井上雕刻着三国演义中的“桃园三结义”，同时也反映了潮汕地区历史上的海洋文化和农耕生活，这些图案错落有致，雕刻工艺娴熟。其次，武庙多次扩建和重修留下了各种各样的题匾书跋碑记，特别是清朝慈禧太后和光绪皇帝颁赐的

“威宣南海”匾额。而武庙大门处的对联“英雄几见称夫子，豪杰如斯乃圣人”，也格外引人注目。

戏台建筑是古榕武庙建筑群的一个重要组成部分，位于三山门前约12米，面向着主要建筑。戏台正中悬挂着“人鉴”匾额，而左右的戏屏则雕刻着以关帝为题材的木雕作品。戏台的脊头处还有灰泥彩塑的“猛将结阵”，这一场景生动地展示了武将们在战斗前的激烈对决，与戏剧演出中的“武打戏”相得益彰。古榕武庙戏台融合了明清建筑风格和潮州传统工艺特色，不仅具备了戏剧演出的功能，同时也是古老戏台建筑的杰出典范，承载着丰富的戏剧文化。

■ 古榕武庙内的戏台

从熙公祠

建筑地址：潮州市潮安区彩塘镇金砂一村
始建年代：清同治九年（1870年）
规格形制：府第式大祠堂，二进院落布局，面积约1319平方米
别名雅称：资政第

潮州有句俗语：“一条石牛索激死三个师傅。”典故就来自从熙公祠中门楼石雕中的镂空牛索。建筑的主人是旅居马来西亚的侨领陈旭年，“从熙”是他的字。陈旭年17岁出洋谋生，39岁成为南洋著名富商，清同治九年（1870年），他在家乡兴建从熙公祠。后来，他又请潮州工匠仿照从熙公祠的式样，在新加坡建了资政第。

从熙公祠门口有两只卷毛石狮子，两相对视，形态各异。公祠前厅与后厅之间是天井，两侧有廊轩，后厅有抱印厅。走进公祠最先看到的是写有“资政第”三个大字的门楼，双面镂空的门楼屋架上，用具有潮汕特色的方法雕刻了各式各样的图案。最叫人惊叹的是镶嵌于门楼石壁上的四幅精美绝伦的石雕，分别以百鸟朝凤、鱼虫花鸟、士农工商、渔樵耕读为题材。还有一对花费十年工夫雕刻而成的石柱，横梁上悬有一对倒挂的石花篮，这对石花篮剔透玲珑、刻工细腻。开阔的天井后是精美的拜亭。拜亭内梁架上密布的金漆木雕值得细细地品味，这些木雕表现了秀美山川、生动人物、葱郁花草和亭台楼阁，无论从哪个角度看过去，都十分逼真、精细。

陈旭年建造这座公祠花费了不少心血，他对工艺水平的要求极高，整个建造过程花费了14年，耗去了26万多银圆。最著名的那根牛绳双股相缠，细如牙签，长约10厘米，以镂空手法由石块雕刻而成，每一点绳结，每一根线，都清晰毕肖。相传，先有

两名石匠用了很长时间来雕刻它，但是在雕刻细细的石绳子时，总会不小心弄断，石匠觉得对不起陈旭年好吃好喝的招待，便偷偷走了，直到第三位石匠改用泡水细磨轻刮的方式，才将牛绳雕成，可谓鬼斧神工。

■ 从熙公祠门楼上巧夺天工的石雕

■ 从熙公祠正门

悦城龙母祖庙

建筑地址：肇庆市德庆县悦城镇水口

规格形制：占地面积48 000多平方米

别名雅称：博泉庙、五龙庙、孝通庙

历史地位：与广州陈家祠、佛山祖庙并称为岭南古建筑的“三瑰宝”

若长期生活在珠三角西岸的西江流域，慢慢就会发现这里有一种独特的信仰，那就是龙母崇拜，这里随处可见龙母庙。悦城是西江边的一个古镇，龙母的墓地正位于此处，人们在墓旁建庙祭祀，所以这里的龙母庙被称为祖庙。悦城龙母祖庙始建于秦

■ 龙母祖庙远景

汉时期，距今有2000多年历史，具体时间已不可考，目前的主体建筑完成于清光绪三十三年（1907年）。

■ 龙母祖庙山门上吊砖砖雕工艺十分细腻

龙母祖庙的山门面阔五间，深三间，硬山顶、上履绿琉璃瓦，正脊有陶塑装饰，正中为双龙戏珠，山门左右墙头上的两件砖雕虽已破损，但刀法极其精细，人物立体感明显，画面层次丰富。山门上有对联云：“百粤洞天开水府，五灵初地起神龙。”走入大殿，人们会惊奇地发现内部空间竟是以黑色和红色为主色调，以黑色为主调的殿堂建筑在全国各地并不多见，但在珠江三角洲和西江流域可以见到。这是因为古越人以蛇为图腾，尚黑，这种古俗一直保留至今。大殿空间高敞，梁柱交错，榫卯结合，四周柱梁的斗拱稳稳地承托着大殿顶部，并让大殿出檐更远，形态更加优美。

龙母祖庙以神、绝、巧、灵著称于世。建筑广泛运用了深雕和透雕工艺，如山门、香亭的蟠龙花岗石雕柱，盘龙口中的“龙珠”可以滚动却拿不出来；屋脊上一块小方砖也能雕刻出四五个栩栩如生的人物；庙内木雕、陶雕题材广、造工精、数量多、保存好，使得龙母祖庙成为一个小型雕刻艺术馆。

悦城龙母祖庙不但在建筑艺术上巧夺天工，同时也有着美好而深刻的寓意。龙母是“真、善、美、德、勤”的化身，引导着人民向真、向善、向美、崇德、勤奋。“母仪龙德，四海朝宗”传承着中华民族的精神内涵，体现着中华人民民族亲和、凝聚团结的悠久传统。

■ 神庙中央正殿外景

南海神庙

建筑地址：广州市黄埔区庙头村
始建年代：隋开皇十四年（594年）
别名雅称：波罗庙、东庙
主要建筑：牌坊、头门、仪门、礼亭、大殿和后殿等

“香火万家市，烟花二月时。居人空巷出，去赛海神祠。”南宋诗人刘克庄的诗，描绘了每年农历二月十三南海神的生日波罗诞的热闹景象。波罗诞是广州最大的民间传统庙会之一。

受百姓敬仰的南海之神是祝融，名重黎，又被称为自然神、海神。南海神庙便是纪念祝融的祠庙，其始建于隋开皇十四年（594年），距今已有1400多年的历史，是目前我国古代四大海神庙中唯一完整保存下来的规模最大、最完整的海神庙。南海神庙自南至北有牌坊、头门、仪门、礼亭、大殿和后殿，两旁为廊庑、碑亭等。

“海不扬波”牌坊是南海神庙的首个建筑，它建成于清代，为三间四柱的冲天式结构，采用花岗岩雕刻而成。在明代以前，这座牌坊是以木材构建的。然而，在明成化年间，这座木制牌坊被改建成了石制牌坊。清道光年间，广东巡抚叶名琛主持了南海神庙的修缮工程，同时将牌坊改建为麻石牌坊，并刻上了“海不扬波”四个字。

在南海神庙的殿堂建筑修复工程中，大部分的梁柱、木架和斗拱都采用了进口的坤甸木料。屋顶的正脊和侧脊则采用了石湾陶瓦和博古花板，上面装饰着飞龙戏珠、鳌鱼和彩凤朝阳，神兽镇守其间，构造精致而不失宏伟，显得十分庄重。此外，神庙还重新雕塑了六侯顺风耳、千里眼等神像，使这座古老的庙宇再度焕发昔日的壮丽光彩。神庙的主殿采用重檐飞托的结构，24条高大的坤甸主梁与横梁斗拱相互交错，使大殿既庄重宏伟，又稳固坚实。这座大殿是新中国成立后兴建的广东最大的木结构建筑之一。隋唐以来，历代的皇帝都派遣官员前来南海神庙举行隆重的祭典，留下了众多珍贵的碑刻，因此，神庙又被誉为“南方碑林”。

南海神庙位于扶胥港这一重要的对外港口，俯瞰着黄木湾，它不仅是一座祭祀建筑，同时也是港口的重要组成部分。在古代，它在对外交通和贸易中发挥着重要的作用，是海上丝绸之路的发源地之一，见证了历史上对外贸易和交往的珍贵历史。

■ 南海神庙正门前的“海不扬波”牌坊

佛山祖庙

建筑地址：佛山市禅城区祖庙路21号
始建年代：北宋元丰年间（1078—1085年）
规格形制：占地面积3500平方米
别名雅称：北帝庙、灵应祠
历史地位：岭南古建筑三大瑰宝之一

在岭南有一种奇特的现象，神仙、圣人、名人在同个地方一同接受当地人的供奉和香火。佛山祖庙就是这么一个奇特的地方。祖庙供奉的是道教的真武玄天上帝，即真武大帝，中原人南迁到岭南时带来了北帝崇拜，当时珠三角水患频繁，所以岭南人民供奉他为保护神。清宣统三年（1911年），祖庙内增建了孔庙；到21世纪，又新增了叶问堂

■ 佛山祖庙正门

和黄飞鸿纪念馆，祖庙的历史人文底蕴变得更为丰厚。

佛山祖庙的历史可追溯到北宋元丰年间（1078—1085年），它经历了二十多次的重修和扩建，直到清光绪二十五年（1899年）的一次大规模修复后，才形成了如今的壮丽建筑群。这座祖庙堪称一座艺术殿堂，其屋脊点缀着石湾陶塑，周围的墙壁镶嵌着精美的砖雕和灰雕，庙内陈列着木雕、石雕、铁铸、铜铸、锡铸等各种艺术品。在祖庙中，认真观赏屋顶上的“石湾瓦”会有意想不到的收获，因为这些瓦上雕刻着精美的浮雕，讲述着武王伐纣、诸葛亮舌战群儒、郭子仪祝寿等中国传统文化故事，其造型美不胜收，有“石湾瓦、甲天下”之誉。祖庙内还拥有华南地区最古老和保存最完好的古戏台——万福台，这座戏台始建于清顺治十五年（1658年），台上的木雕工艺非常精湛，如今每天仍然会上演粤剧。

祖庙的主体建筑为灵应祠，也称正殿，这是祖庙最重要也是最古老的建筑。正殿内摆放着一尊在明朝正统年间铜制的真武大帝雕像，真武大帝披发而坐，慈眉善目，五缕长髯垂于胸前，穿着华丽，双足赤裸，栩栩如生。铜像的头部和手足都镀上了金箔，使整个神像闪耀着金光。正殿采用了宋代的建筑法式，广泛使用了斗拱，使其向外延伸，有效保护下面的柱子不受南方雨水的侵蚀，这是我国现存古建筑中鲜见的宋式斗拱的实例。正殿周围有三面围墙，南面则敞开，呈现出进深三间的结构，十六根柱子支撑着殿宇，殿前左右各有廊与前殿相连，中间还有一个天井。

■ 佛山祖庙灵应祠

揭阳城隍庙

建筑地址：揭阳市榕城区文化广场中心
始建年代：南宋绍兴十年（1140年）
主要建筑：山门、大门、两虎、大殿、养生池、石拱桥、夫人厅等
历史地位：广东现存最大的城隍庙

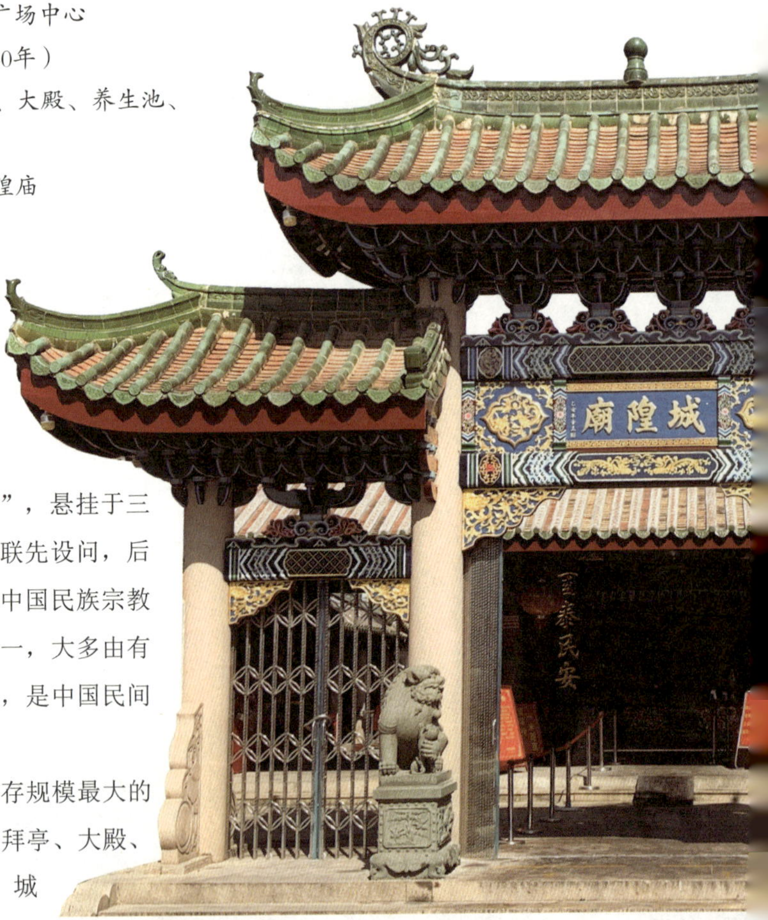

揭阳城隍庙牌坊

“你来了么”“也有今日”，悬挂于三山门城隍庙题匾之东西侧的对联先设问，后慨叹，耐人寻味。城隍是古代中国民族宗教文化中普遍崇祀的重要神祇之一，大多由有功于地方民众的名臣英雄充当，是中国民间和道教信奉的守护城池之神。

揭阳城隍庙是广东省内现存规模最大的城隍庙。庙内现存有三山门、拜亭、大殿、养生池、石拱桥、夫人厅等。城

隍庙顶为悬山顶，七架梁与金柱之间用三升斗拱架，大殿四壁只起防护作用，不承受屋顶压力，结构独特，历经多次地震，墙壁崩塌而梁架安然。庙内栋梁间的木雕装饰，刀法简洁明快。

■ 城隍庙建筑屋顶上精美的雕刻

揭阳城隍庙最大的特点是雕梁画栋，精美绝伦，屋顶的建构尤其让人叹为观止。嵌瓷艺术是潮汕庙堂的常见艺术，以绘画为基础，运用各种彩色瓷片，剪裁出表现形象的建筑装饰，被誉为“永远亮丽的艺术”，多和木雕、石雕、彩绘等艺术互相辉映。嵌瓷出现在屋顶，一块块瓷片堆叠在一起，以祥瑞内容为主，构成了花树、动物，共同组成一幅幅神话故事、民间传说、历史典故等画面。

潮汕人称神仙为“老爷”，“营老爷”则是每个潮汕人翘首以盼的活动。每年城隍爷都会在正月择吉日出巡榕城，以护佑神州国泰民安、揭阳风调雨顺、人民幸福安康。游神队伍由城隍礼队以及舞狮队、舞龙队、英歌队等组成，每逢城隍老爷出巡，榕城各大街道，彩旗飞扬，锣鼓喧天。游神队伍表演舞狮、舞龙、英歌舞，男女老幼倾城而出，祈求风调雨顺，国泰民安。

传说明朝年间，揭阳城有一对姑嫂到城隍进香，见到伯府（城隍爷）美貌，嫂嫂戏言：“小姑若能嫁给一位像伯府这等美貌的姑爷就好了！”当晚，姑娘梦见城隍爷来到闺中，她把一根红绳系于城隍足上。白天，姑娘又到城隍庙中，果见她梦中系在城隍的足上的红绳还在神像的足上。后来，这位姑娘无病而终，人们都说她被城隍娶去作夫人。

■ 胥江祖庙全景

胥江祖庙

建筑地址：佛山市三水区芦苞镇北郊

始建年代：南宋咸淳四年（1268年）

别名雅称：芦苞祖庙

历史地位：与佛山祖庙、悦城龙母祖庙并称为广东三大古庙

“北江西水两相逢，胥口波涛特地雄！”从南宋诗人杨万里的诗句中，不难感受到汛期胥江流域大浪磅礴的场面。南宋咸淳四年（1268年），芦苞人民为规避风险、祈求平安，营建胥江祖庙供奉水神北帝。近800年来，胥江祖庙几度颓败，又几度重建，经久不衰。如今所见的胥江祖庙为清代重建，历经200多年而不失色。

儒释道三教合一是胥江祖庙最大的特色。祖庙由三座庙组成，武当行宫作为主

■ 胥江祖庙牌坊

庙居中，左有普陀行宫（又称观音庙），右有文昌行宫，均有前后殿。三座庙宇皆是二进院落式布局，采用砖木结构，绿色琉璃瓦屋面，水磨青砖墙体。在建筑工艺上，胥江祖庙最为人所津津乐道的，还是精美绝伦的“三雕二塑一画”——木雕、石雕、砖雕、陶塑、灰塑和壁画。其中运用最多的是陶塑，千姿百态的人物雕像，以瓦脊为舞台，配以鸟兽、凉亭、宫殿楼阁等雕塑，宛如一场盛大的戏剧表演。

三大殿虽建筑格式相似，但建筑手法却各有独特之处。武当行宫大殿富丽堂皇，两石檐柱上的梁枋及其雀替均三面雕刻着各式祥瑞画面，梁枋至屋檐置十二座大型莲花托斗拱。普陀行宫大殿前檐廊梁枋上更独具匠心地设置了一座长2.3米、高0.98米、宽0.16米的大型驼礅。而文昌行宫最为独特的，是大殿前檐柱秦咢生题写的楷书对联，上联“肄水涌文澜学海无涯冲碧浪”，下联“玉衡司桂籍蟾宫有路步青云”。

胥江祖庙以武当学宫作为主庙，可见其与武当山有密切联系。根据相关文献记载，历史上很早就形成了东、南、西、北、中五个“武当”分布全国的格局，但清代晚期以后，“南武当”因为战乱和政局动荡而一度败落。2002年6月，经中国道教协会等多方专家学者共同考证，认定胥江祖庙为中国的“南武当”，并于当年7月由武当山道教协会授予“南武当”牌匾。胥江祖庙作为中国“南武当”的身份得到认定，并重新融入“武当大文化圈”。

伍

水陆遗踪

丰阳古道

建筑地址：清远连州市丰阳镇丰阳村西北部
使用年代：秦至清
规格形制：现残存古道长约6千米，宽1.2至1.5米

南岭是阻隔南粤与中原的天然屏障，但其并非一座连绵的单体山脉，而是一系列山岭的组合，其中地势较低的谷地便成了天然交通孔道。开发南粤，第一步也是最重要的一步就是要打通南岭天险，由此开通了多条纵贯南北的古驿道。这些古驿道连接的往往是水路，如连州秦汉古道和丰阳一东陂古道都与北江支流连江衔接，之后顺着北江航道一路南下，直达广州。

丰阳古道是明清时期从连州走陆路前往湖南省蓝山县、宁远县、永州的一条交通要道，古道往北延伸至广西北部。现在残存的古道位于广东省清远连州市三水瑶族乡左里村委三江口自然村东面，长约6千米，宽1.2至1.5米，多数路段路面用鹅卵石铺成。沿途还留存有凉亭、石桥等设施。大量的农副产品和生活工业产品全凭挑夫肩挑背负，在驿道上流通，每天络绎不绝，最繁盛的时候每天行走在驿道上的挑夫达到上千人。

古道的繁盛带旺了沿线的村落，始建于南唐末年的连州丰阳古村也成为粤湘桂三省的边贸商集，至今已有1000多年的历史，丰阳本来叫“凤阳”，后为避明太祖故里安徽滁州凤阳之讳，才改称为“丰阳”。丰阳全村姓吴，在此建村的吴敬元是南唐末年的征南元帅，在其漫长的历史里，不乏出将入相、文治武功的故事，村里现在还遗

存着丰富的宋代人文景观和完好的明清建筑。

站在古村南门楼前的地坪上，欣赏着门楣石匾“南极生辉”四个潇洒的大字，低头便能发现脚底由光滑的鹅卵石铺成的精致花纹图案，其中央是个显眼别致的铜钱形状，“铜钱”两侧镶嵌了一道弯弯的柳眉。“铜钱”与“柳眉”，寓意期盼天地方圆之财（才）气。

■ 丰阳古道沿线的伴桥亭

■ 丰阳村门楼

西京古道

建筑地址：韶关市乳源瑶族自治县
始建年代：东汉建武二年（26年）
规格形制：总长度70多千米
别名雅称：西京道、西京驿
历史地位：南粤古驿道的重要组成部分

■ 西京古道“仰止亭”

■ 广东乳源西京古道国家石漠公园

岭南佳果荔枝从汉武帝时期就成为常规的贡品，旧时从岭南出发翻越崇山峻岭，快马加鞭送往西京长安，所经过的这段路被称为西京大道。此道通往湖南宜章，进而沿潇湘古道通达西京长安。

西京古道高度差有700多米，途经层山叠嶂。其梯云岭路段有长约200米的云梯石级，那是就地开凿山体而成的石阶梯，上下如登云梯。猴子岭路段更为险峻，当地人称为“猴子额”，极言山坡之陡峭壁立。猴子岭巅有一座心韩亭，建于清乾隆十八年（1753年），用长方形石块垒砌，双坡顶瓦屋面，面阔一间约4.1米，进深三间约7.2米，双坡顶瓦屋面，于山墙面开门，立面筑五山马头墙，顶置葫芦饰。岭下之仰止亭，与心韩亭相去约3公里，此亭是清同治十一年（1872年）地方乡民集资兴建。两亭均为纪念韩愈而建，表达了对这位“欲为圣明除弊事，肯将衰朽惜残年”的好官吏的无限景仰，同时也给后人留下了铭记韩公屈贬岭南的辛酸历史的古迹。

来往于劈山开道、延伸北上的蜿蜒石道，须历尽千难万险。荔枝和龙眼只是这条繁盛古道上的点缀，跟老百姓息息相关的“柴米油盐酱醋茶”这些日常生活用品，才是古道贸易的根本。一条古道勾勒粤湘赣三地生命线，岭南商人运盐、茶、山货流动在三地“血管”中，湘赣商人经由古道行至岭南，用铁、棉织品、粮食换取食盐回去。这里还是一条沟通中外、连接海陆的丝绸之路，海外诸国使臣北上朝贡须经此道路，中国的丝绸、茶叶等对外贸易商品也由此南下出海。

骑田岭古道

建筑地址：清远市连州市大路边镇顺泉村
使用年代：秦至清
别名雅称：秦汉古道

■ 广荫亭寓意广东会给所有商旅带来“福荫”

骑田岭古道是历史上最早沟通五岭南北的驿道之一，不但是中原进入南粤的关隘，而且还是中原与岭南的分水岭。如今在清远连州市大路边镇老铺村与白牛桥村之间，骑田岭古道一段4000米的路径修缮完成，行走于此，沧桑古韵扑面而来。作为岭南通往京城的重要交通道路，自唐代以来，这里相继迎来了韩愈、刘禹锡等迁客骚人，为偏远的岭南带来生机。

骑田岭古道的本体依旧保存较好，古道宽0.8—2米，这些开凿有防滑槽的青石板，凝聚着古人的智慧。沿着骑田岭古驿道，还遗存着众多的古村落群。顺头岭村是骑田岭古驿道上一个重要驿站，这个驿站的热闹一直延续至二十世纪三四十年代。村内还遗存着当年完好的“伙铺”。“伙铺”是古时供商旅们歇脚、做饭、住宿之处。当地人将这种房子称为“竹筒屋”。这种建筑前面为铺面，铺头后面是货仓及供客人食宿的地方，经常有来自东西南北的陌生客人“搭伙”食宿，住在一个大房间里。此外，沿途仍保留着交信亭、半边铺、三家店、五里亭、十字铺、南天门等其他建筑遗迹。

骑田岭古道从秦朝正式开辟后到清末鸦片战争爆发时，一直发挥着重要的作用。秦汉时期的骑田岭古道不但是军事关隘，后来还成了商贸之路。大量中原的铁器通过骑田岭古道进入岭南，改变了岭南刀耕火种的落后农业现状。盐运几乎贯穿了湘粤古道的整个历史，骑田岭古道作为粤盐北上入湘的重要道路更是被誉为“盐道”。

鸦片战争失败后，五口通商政策使得位于长江出海口的上海逐渐崛起，取代广州成为国内最大的对外贸易港口，所以包括骑田岭古道在内的湘粤古道的历史地位和作用日渐衰弱。在1934年湘粤公路、1936年粤汉铁路等新式道路全线开通后，骑田岭古道渐渐淡出了人们的视野。

■ 骑田岭古道上的怀清亭

梅关古道

建筑地址：韶关市南雄市珠玑镇梅岭村
始建年代：开凿于唐开元四年（716年）
别名雅称：梅岭古道
历史地位：广东南粤八大古驿道之一、现保存最完整的古驿道

“一步跨两省，一关隔断南北天。”以梅关为界，分隔粤赣两省，向南开凿长1704.5米，直达南雄县城，向北开凿2千米左右，最终延伸至大余县城，这便是有着“古代京广线”之称的梅关古道。走在古道上，仿佛置身千年历史走廊，与往来行人来场穿越时空的相遇。

唐开元四年（716年），一代名相、时任左拾遗的张九龄回家乡韶州曲江休养，深感秦时开凿的梅岭古道险峻难行，于是奏请开凿大庾岭新路。是年冬，张九龄奉命开凿新路，将一条羊肠小道拓展为用青石铺垫的通衢大道。此道便成为南岭重重关山中最重要的一条交通道路，历经千年，“新路”变“古道”。“问翁大庾岭

珠玑古巷

■ 梅关古道青石板上留下了斑驳的痕迹

头住，曾见南迁几个回”，苏东坡一生四度梅岭，不知其沿途北归后，是否还会挂念着岭南的荔枝。路旁136个诗碑，记录了多少名人志士的喜怒哀乐，风吹雨打模糊了他们的身影，但脚下的青石板却铭记着“他们”曾经来过。经由古道，可见关楼矗立眼前，这是北宋嘉祐八年（1063年）所筑，明万历年间，南雄知府蒋杰曾手书“岭南第一关”“南粤雄关”的门额悬于关门南北面。

“两峰夹峙，虎踞梅岭”，梅岭南北自古以来就是兵家必争之地，梅关古道历经了大大小小的战役，也见证了一段艰苦卓绝的革命岁月。1934年，红军主力长征后，陈毅与项英等老一辈革命家从中央苏区突围，在梅岭一带开展了三年游击战争，在这里陈毅写就了《梅岭三章》。

古桥

广济桥

■ 广济桥上的桥亭

建筑地址：潮州市湘桥区环城东路
始建年代：南宋乾道七年（1171年）
规格形制：浮梁结合结构，全长518米
别名雅称：湘子桥、康济桥、丁侯桥、济川桥

■ 横跨韩江的广济桥

“潮州湘桥好风流，十八梭船廿四洲。廿四楼台廿四样，二只鉎牛一只溜。”这首潮州人耳熟能详的歌谣，讲的就是“中国四大古桥”之一的广济桥。该桥位于潮州古城东门外，横跨韩江，为古代广东通向闽浙交通要津，被桥梁专家茅以升誉为“世界上最早的启闭式桥梁”。

广济桥于南宋乾道七年（1171年）由潮州知州曾汪主持始建，时名“康济桥”。明宣德十年（1435年），潮州知府王源主持重修桥梁，更名为“广济桥”，寓意“广济百粤之民”；嘉靖年间形成“十八梭船廿四洲”的格局。2007年，广济桥修缮一新，饶宗颐为其题联：“广川利涉开新运，杰阁重楼见旧仪。”

广济桥全长518米，浮梁结合结构，由东西二段石梁桥和中间一段浮桥组合而成。石梁桥由桥墩、石梁和桥亭三部分组成，东边梁桥长283.35米，西边梁桥长137.3米。梁桥每跨均架四条巨大石梁，长12至15米不等。桥亭可为桥梁和过往行人提供遮护，使之少受日晒雨淋。广济桥浮桥长97.3米，由18只木船连接而成。桥墩分为六边形的船型墩和五边形的半船型墩两种，其浮梁结合结构减少了桥墩数量，可有效分解径流的冲击力，洪迅时打开浮桥还能迅速排洪。

广济桥的装饰也非常精美，历来有“江南第一桥”的美称。其装饰虽然简朴，但注重吉祥寓意，雕刻有卷草纹、如意纹、祥云、莲花等传统吉祥图案。相传唐代韩愈来潮州后，请他的侄孙韩湘子等八仙与潮州的广济和尚分东西斗法造桥。由于中途法力失效，致中间一段未能连接，广济和尚与何仙姑分别用禅杖、莲花化作巨缆和十八只梭船使桥连接起来，此桥因此得名“湘子桥”和“广济桥”。

明远桥

建筑地址：佛山市顺德区杏坛镇逢简乡
始建年代：南宋庆元五年（1199年）
规格形制：敞肩式三孔石拱桥；全长24.8米，顶宽4.7米，高4.5米

相传，宋代进士李仕修晚年定居水乡逢简，为方便乡民往来，他主持修筑了多条道路和桥梁，现存的桥梁包括巨济桥、金鳌桥和明远桥。明远桥横跨明远涌，桥型稳重轻巧，朴拙秀丽，是岭南古桥梁的代表。

■ 明远桥全貌

■ 明远桥上的石狮历经岁月的洗礼已经风化

明远桥南北走向，是一座敞肩式三孔石拱桥，为顺德现存文献记录中最早的三孔石拱桥。中央主拱，两侧两个小拱。拱圈分两层，分为主拱和护拱，互相支撑。大小拱圈拱石高度不一，砌成半圆拱。拱石间用石灰糯米浆黏合，拱石面凿有斜纹，以加强拱石间的稳定性。上可通行车马，下可来往船只。明远桥最大的特点是两边通道采用斜坡形，没有砌置石级，桥面是平铺的石板，使马车畅通无阻。栏杆上有28根望柱，平面为四方形修边，立面为长方形，每根柱头镌刻石狮子，形态各异，有的神秘威严，有的亲切可爱。时间久远，石狮风化较为严重，流露出质朴古意。

明远桥原有四只镌刻在分水尖上的镇水兽，它们蹲伏在石面上，兽首翘起，高露水面，提示来往船只在此处小心行驶。但遗憾的是，历经近千年后，分水尖负伤累累，镇水兽也遗失了两只。锁口石上用减地平钑的方法镌刻着“明远”两字，落款为“乾隆己卯正月阖堡重修”，为桥梁两侧增添了很多点缀。

桥是逢简水乡的标志性景观，明远桥见证了千年前水乡集市繁华的历史。旧时，这里栽桑养蚕业发达，带动缫丝加工以及商贸的发展，鼎盛时期被称为“小广州”。几百年过去，当年的繁华虽已不再，但小村那独具特色的古朴与美丽，重新吸引着人们走进小村，赏古桥、看古屋，感受小桥流水人家的淳朴与恬淡。

双美桥

建筑地址： 中山市小榄镇新市社区蓝田大街与永宁社区北村大街连接处
始建年代： 明洪武元年（1368年）
规格形制： 单孔石桥；桥长18.5米，宽3.16米，高4.5米，跨度6.62米

■ 双美桥桥面的石板见证了数百年的风雨沧桑

昔日，双美桥旁有一株大榕树，时有白鹭栖息其间，行人路过古朴的小桥，常能聆听到悦耳的鸟鸣。这一充满诗意的景致，被称为“鹭鸣双美”，是小榄镇“榄溪八景”之一。

双美桥可能是小榄现存最古老的建筑，这座建于明朝洪武年间的石拱桥因连接大小两榄，且榄乡风景秀美，故而取名“双美”，由当时驻扎于榄都的首任都司巡检陈冲突所建，康熙五十五年（1716年）出身小榄的进士何圣强重修双美桥。与双美桥连通的双美府原为民国时期的一座中西合璧的私人大宅院，现成为小榄水乡民俗馆。

双美桥是单孔石桥，虽已经在小榄水乡历经了600多年的风风雨雨，但依旧保持着

明代风格。双美桥为南北走向，梯级桥面，南有8级步级，北有10级步级。桥梁由单纯的无浆缝红石筑成，桥面东西两侧镶嵌“双美桥”石刻，上款“嘉靖岁次辛酉”，下款“孟秋吉旦重修”。另分别有阴刻“康熙伍拾伍年岁次丙申孟冬吉旦岁进士何圣强重修”和“道光贰拾年岁次庚子十月五日阖乡重修”。双美桥是沟通大小两榄的重要桥梁，桥上熙熙攘攘的往返行人将原本棱角分明的砖石磨出了凹弧，桥下船只穿行在水道间，可以想象当年周边的一派繁荣景象。

双美桥是拱桥，桥下有可进行水上飘色巡游的“水色匝”，每到扒龙舟或飘色巡游时，插有彩旗罗伞的龙舟或飘色船可从桥孔通过。明末清初时，小榄人兴起游神赛会，以求一方平安、风调雨顺。“中元水色盛游人，海面波心踏作尘。赚得女儿同伴看，年年兰麝满江滨。”飘色巡游不仅是小榄中元节的风俗，亦是小榄乡间遇到喜庆事的助兴节目。每年水色巡游时，乡民万人空巷，争先观看，岸上人山人海，河道上小船络绎不绝，共同见证这一年度盛事，感受着传统文化的魅力与热闹。

■ 双美桥是小榄镇最古老的建筑之一

泰新桥

■ 泰新桥是一座木结构廊桥

建筑地址：肇庆市封开县平凤镇平岗管理区新村
始建年代：明嘉靖十二年（1533年）
规格形制：梁柱式平桥；长10.89米，宽3.4米

有一座桥，它曾是两省三县的交汇点，其往北可通广西苍梧县，往南可到广东郁南县，它就是位于肇庆市封开县平凤镇的泰新桥。明嘉靖十二年（1533年），当地人陈时用等募捐修建此桥，桥名以修泰新村桥命名，简称泰新桥。

泰新桥是广东省现存的唯一一座木结构廊桥。廊桥的特别之处在于桥上有亭屋涵盖，在桥上如在走廊，能够遮蔽雨水。泰新桥桥屋的梁架结构及整体建筑形制保留了古朴的明代风格。桥屋面宽三间，进深三间，为歇山顶、龙舟脊，脊上饰有灰塑浮雕卷草花纹，盖蝴蝶式瓦，整个桥屋为木结构，全由榫卯衔接，展现出古代能工巧匠的高超建筑工艺。两侧驼峰则雕刻鲤跃龙门、双狮戏球、丹凤朝阳、麒麟献瑞等饰金彩绘木雕。梁架为抬梁式，间以驼峰斗拱承托，上刻“鱼跃龙门”、如意纹、卷云纹等。桥下的部分保持了我国唐宋时期木结构梁柱的古制，桥墩为四列十六根方形花岗岩石柱，柱顶架梁围，梁上铺桥板，石柱脚用较为平整的石块垫乘，各柱列中穿枋与楣梁之间置蜀柱承接，不施加斧凿。

平岗管理区新村内的泰兴街始建于明万历年间，古街以青砖铺路，两侧铺面林立，从清朝起就是兴旺的商业街，路口牌坊对联写着：“上通梧郡，下达都城，地当修泰，中衢踏开富路；左绕崇山，右环石峡，天作平岗，众户大启财门。”从中可一窥当时之繁华景象。

这里孕育了一大批仁人志士、文人墨客，著名的有辛亥革命时期黄花岗七十二烈士之一的李炳辉，大革命时期、中共封川县委第一任书记龙师侯，修泰乡（今平风镇）农会委员长龙拔汉等先贤，他们从这里沿着古道传播进步思想，心怀壮志走向革命，谱写了一个个红色传奇故事。

■ 泰新桥的梁架结构

云桂桥

建筑地址：广州市海珠区晓港公园
始建年代：明嘉靖二十四年（1545年）
规格形制：悬臂式三孔梁桥；全长32.2米、宽3.38米
别名雅称：晓港桥、尚书桥

■ 云桂桥全景

走进晓港公园的东门，顺着苍翠的树林行进不远，一座三孔结构的古老石桥便映入眼帘，它就是云桂桥。这座桥历史悠久，修建时间距今已超过400年，桥体全长32.2米，宽3.38米，通体由坚硬的花岗岩石构成。1993年，云桂桥被定为广州市文物保护单位，至今仍是市内最古老且保存状态最佳的石桥之一。

云桂桥的始建者何维柏，是明代与海瑞齐名的清官。何维柏，字乔仲，号古林，广东广州府南海县人。他在嘉靖十四年（1535年）考取进士，历任南京礼部尚书等职，以清廉和正直敢言著称，因弹劾严嵩而遭贬。被削职为民后，何维柏返回广州，在南郊晓港隐居，开设天山草堂聚徒讲学，培养出众多举人和进士。那时，通往天山草堂只有一座小木桥，由于年久失修，每逢雨天过桥很不安全。为方便学生们来往求学，何维柏出资将小木桥拆除，修建了一座石桥，俗称“晓港桥”。1911年，乡里士绅重修晓港桥，并将其更名为“云桂桥”，寓意“步云折桂”，表达了对读书人考取

功名的美好祝愿，也以此纪念何维柏兴学振乡之功。

古朴精巧是云桂桥设计的特色。桥分三孔，立于马涌中的桥墩用条石垒砌而成，下面两侧呈船形，以减弱桥墩对河水的阻力，上端出2层挑梁，承托桥面石梁。石梁侧面中央刻有“云桂”两字。

为了弘扬清廉文化，如今在云桂桥对岸修建了清竹园，何维柏的石像雕塑也矗立于此。清竹园是廉政教育基地，以廉洁文化为主线，借助何维柏宣廉讲学的历史文化资源以及园内固有的青竹特色，因地制宜打造而成。云桂桥和清竹园的存在，不仅是对历史的尊重和保护，更是对何维柏清廉精神的传承和发扬。立足于喧嚣的现代都市，人们依然能够在云桂桥上感受到历史的厚重和文化的悠久。

■ 云桂桥保存状态良好

徐闻古港

建筑地址：湛江市徐闻县西南五里乡
始建年代：汉元鼎六年（前111年）
历史地位：中国及世界上第一个有官方史书记载的海上丝绸之路始发港

■ 徐闻古港的一口古井

徐闻位于中国大陆最南端，是雷州半岛上一个三面濒临大海的县，与海南岛隔海相望。特殊的地理位置，决定了徐闻港特殊的地位和使命。汉元鼎六年（前111年），汉武帝平定南越后，设置徐闻县，并开辟了徐闻港，它是中国通往东南亚和南亚的海上丝绸之路的始发港之一。

徐闻古港遗址位于徐闻县西南五里乡的二桥、南湾、仕尾村，这一带为一角状陆地（岬角），前伸入海。在陆地两侧，各有一古港口，东侧系三墩港，西侧为港头港，两港"港门"相连。西汉时，商船从这里出发，沿北部湾和越南海岸一路南行，绕过马六甲海峡，到达印度南部，再转斯里兰卡，然后将沿途交换的物品载回中国。这条线路来回全程一万多海里，途经17个国家，历时近两年，是当时世界上最长的海上交通线。汉代以徐闻港为始发港的海上丝绸之路，输出的商品主要是黄金和丝织品，输入的货物主要有明珠、璧琉璃、奇石和异物等。

两汉时期有“欲拔贫，诣徐闻”一说，意思是“想脱贫，就到徐闻来”，可见在汉代徐闻的贸易有多么繁荣兴盛，吸引大批中原地区劳民、富商巨贾、政府官员、士人和外国使者前来，人流、物流皆汇于此。繁盛无匹的港口为当地带来了无限的机遇和财富，徐闻也因此成为一座充满财富和机会的城市。

徐闻在汉代因港而兴，后来也因港口的衰落而落寞。三国时期以后，徐闻港的地位慢慢下降，最终走向衰落，逐渐被腹地广阔的番禺（广州）港所取代。徐闻古港逐渐被泥沙淤积，以至终成荒墟。随着新时代的到来，丝路古港也焕发了新生。2020年9月26日，全新设计的徐闻港正式开航，成为全球最大的客货滚装码头。

■ 徐闻古港今貌

■ 樟林古港石碑

樟林古港

建筑地址：汕头市澄海区东里镇
始建年代：明嘉靖三十五年（1556年）
规格形制：港埠面积约2平方千米
历史地位：粤东第一大港

清雍正年间，为加强对远航船只的管理，政府规定不同省的远航船用不同的颜色区分。广东潮汕地区位于南方，南方属火，用色为赤，故船头用红油漆饰，青色钩字，被称为“红头船”。在因“遍地樟木，枞灌成林”而得名的樟林古港，红头船穿梭往来，对于商贾，这是财富的象征，对于年轻的劳工，却是悲恸的离别，他们带着甜粿、浴布、市篮“过番”，远离家乡，寻求生计。

樟林港埠最初的兴旺，可以追溯到清朝乾嘉年间，鼎盛时期还一度形成了“八街六社”的港埠格局，后又增建三条街和许多铺屋，号称粤东“通洋总汇”。航运业发展起来后，服务行业也应运而生。早期樟林有一批栈房供来往客人居住，现在残

■ 樟林古港旁的河涌里停泊着一条双桅红头船

址尚存。随着海运贸易不断发展，当地又兴建了一条栈房式街道——新兴街。新兴街区由54间货栈组成。货栈是港口最重要的贸易设施，为木头结构的双层建筑，顶楼为货仓，楼下用作客栈或住房。货栈店面宽5米，深度16—21米不等，前门向街，后门连接内港，临港的后门又设有石门水闸和小码头：石门水闸便于制水；码头则便于货物从船上起卸，直接进出货栈。

樟林古港一度成为“粤东第一大港”，是汕头作为海上丝绸之路起源地之一的重要见证。在1886年英国出版的世界地图上，当视线落在中国粤东的海边，能发现“樟林”的存在。当时的樟林闻名于世界，国外信件只要写上“中国樟林”就可送达。如今樟林波澜壮阔的历史已经过去，古港的故事由新修建的博物馆续写。以“南粤古驿道示范段”之名重现世人眼前的樟林古港，用一块标志性的石碑昭示了它的存在，河涌中静泊的双桅红头船，便是古港历史的象征，引人遐想。

黄埔古港

建筑地址：广州市海珠区石基村
繁盛时期：17世纪至19世纪
主要建筑：粤海第一关纪念馆、姑婆屋等

■ “古港遗风”牌坊

关于广州“黄埔”之名，有这样一段掌故：黄埔原名“凤浦”，清代时在这里停留的外国商人发音不准，老把“凤浦”说成“黄埔”，久而久之，以讹传讹成了“黄埔”。黄埔古港虽名“黄埔”，却不在黄埔区，而是在海珠区。黄埔军校、黄埔港等，得名都来源于黄埔古港。

黄埔古港在南宋时已是“海舶所集之地”；明代时成为广州的外港；在清政府“一口通商”的政策中，广州成为对外进出口的唯一集散地，黄埔挂号口随之闻名世界。黄埔古港，见证了广州海上丝绸之路的繁荣，停靠黄埔古港的有瑞典“哥德堡号”、美国“中国皇后号”、俄罗斯“希望号”和“涅瓦号”、澳大利亚“哈斯丁号”等名船。据《黄埔港史》记载，从乾隆二十三年（1758年）至道光十七年（1837年）的80年间，停泊在黄埔古港的外国商船共计5107艘。

清朝时，黄埔港设有黄埔税馆、夷务所、买办馆等，外国商船必须在这里报关后由中国领航员带入港，办理卸转货物缴税等手续，然后货物才能进入十三行交易。黄埔税馆是港内规模最大的建筑，紧邻码头西侧岸边，中轴对称，坐北朝南。前面是“凹”字形月台，架设在水面上，一侧竖有旗杆夹；其后半部分是主体建筑，高两层，面阔三间歇山顶，两侧走廊伸向月台。买办馆是一座一层建筑，位于黄埔税馆西侧，临江而建。夷务所则位于黄埔村之中，与北帝庙相邻。

乾隆八年（1743年）“哥德堡号”商船踏上第三次中国之行，两年后返程时遭遇暴风雨袭击沉没，打捞出来的不到总量三分之一的瓷器、丝绸、茶叶等货物，拍卖之后的所得，在除去船的损失及打捞费用后，剩下的钱还足够重建一艘“哥德堡号”，商贸利润之高可见一斑。

■ 位于黄埔古村的粤海第一关纪念馆

陆

雄关固垒

YACANG LINGNAN

城墙

肇庆古城墙

建筑地址：肇庆市端州区宋城路

始建年代：北宋皇祐五年（1053年）

别名雅称：宋城墙

肇庆古城墙因始建于宋朝时期，俗称“宋城墙”，是广东省内唯一主体基本保存完整的古城墙。北宋皇祐五年（1053年），端州知州江柬之筑土城墙，以作防御和防洪之用。北宋政和三年（1113年），兴庆军节度使郑敦义将土城墙改筑为砖城墙，开

■ 位于城墙西北段最高处的披云楼高高耸立

有东宋崇、西镇西、南端溪、北朝天四门。肇庆古城墙现存古城墙呈长方形，城墙周长2801.2米，城墙高出地面6—10米不等。墙体外砌砖，中间填土，厚0.60—1.20米，外围有28个突出的城垛。

■ 肇庆古城墙上的炮台

古城墙不仅记录了肇庆从筑城到建城变迁的历史，更沉积了宋、元、明、清四朝更迭的痕迹。历朝历代都重视它的保护与修葺，使得城墙上保留了不同年代的各类青砖。目前，已经核实的有四五十种，留下了大量的修葺历史信息。20世纪80年代，原城北闸口城墙横剖面裸露，露出了城墙两侧采用长方形红砂石或花岗岩石砌筑的基础，其中有具体年号的城砖共22块。如南门斜坡城墙的一些城砖印有“高要县”“高明县”“德庆县”“广宁县”等文字。

1996年9月，墙体和城墙路面维修，恢复了古城墙部分雉堞，修复北门和城楼的墩台，装上仿木城门，在人民中路闸口处以平桥接通披云楼城墙。2015年以来，肇庆开展了古城墙文物保护修缮和古城保护展示工作，通过文物考古，清理出宋、明、清乃至民国城门洞遗物，特别是找到了宋代城门楼“宋式石柱础”“宋徽宗皇帝降钱二十四万贯将宋土城墙始筑”及宋代包砖。

在未来，肇庆古城墙也将继续见证着这片大地的日新月异，古城墙及延伸建筑构成具有历史感的城市景观，将城市文化古迹串联式整合起来，成为展示肇庆端州风貌的城市客厅。

广州明城墙

建筑地址：广州市越秀区越秀山

规格形制：现存总长度为1137米，共修缮复原180米

历史地位："广州明初三大古迹"之一

■ 明清古城墙西段，老树盘在古城墙上

西关之名最早被提及，是在"西关汛"。这个"汛"，却与潮汛无关，而是指在清代西关是军队驻防的地方。"关"则是指城门外，旧时广州有东门南门西门北门，门外就是关。门内是城，是行政中心；门外为市，是商住地带。宋朝时，广州由中城、东城、西城三城组成，史称"宋三城"，西关为西城城外的湿地。到了明朝，三城合一，城区范围扩大，西城墙修至今天的人民路一带。广州明城墙的修筑，使得西关有了定位。

广州明城墙依山而建，以红砂岩石为墙基，墙面由厚大的青灰城墙砖与灰沙砌筑而成，城墙顶部砌筑雉堞马道，墙高约6—10米，城墙上设有城门、城楼、敌楼、警铺等。明代的城墙至清代仍然未变。但明末珠江北岸已南移数十米，故清初顺治年

■ 修复后的广州明城墙

间，官府增修东西两翼城墙，直至珠江边。此后广州城墙只有修缮，未有扩展。

20世纪初，广州开展大规模市政建设，城墙基本被夷平，只有越秀山上残存1137米明代古城墙，除镇海楼外，只剩下高度不等的残垣，其他有关建筑已荡然无存。西门口瓮城遗址是当年西城门的一部分，也是广州迄今发现的唯一保存较好的明代瓮城遗址。1987年始，广州市持续对越秀山镇海楼后连同东、西两侧的明代古城墙进行修缮，复原约180米，城墙雉堞恢复旧观。

大东门、西门口、小北路、朝天路、大南路、文明路、靖海路……走过两千多年悠悠岁月，这些古城门逐渐湮灭在历史长河中，但广州一个个地名，还留存着古城门存在过的印记。

南头古城垣

建筑地址：深圳市南山区南头天桥北
始建年代：明洪武二十七年（1394年）
主要建筑：南门、东门、北城墙、北门遗址

■ 南头古城上的刻字

说起深圳，人们总是被这座城市40多年来的辉煌成就所吸引，但如果行至深南大道西侧终点，游览“岭南重镇”南头古城之后，则会让人感受到深圳繁华摩登之外的另一面。

据《新安县志》记载及考证，现存的南头古城始建于明洪武二十七年（1394年），原为东莞守御千户所所城。南头古城呈不规则的长方形，枕山面海，四周原有壕沟围绕，城垣范围东西最长为680米，南北最宽为500米。古城垣遭受过三次毁灭性破坏，现北城墙尚存一段高低不等、断断续续的遗址，北墙北城门、西城门已经被毁，东城门已经改为石块构筑，只有南城门还保存完好。在北城墙遗址的石碑上能够看到，南头古城的北城墙沿山形走势而筑，因此在古代军事防御上具有重要的战略地位。该城墙高约6米，墙基宽约10米，红砂岩奠基，砖石砌筑，中为夯土，至今仍保留有600多米的城墙遗址。

纵观南头古城历史，深圳可谓是当之无愧的“全广门户”。南头古城垣屹立600多年，多次经历炮火，防御敌人的入侵。明正德十六年（1521年），在屯门海战中，时任广东海道副使汪鋐（1466—1536）就亲自在南头古城内坐镇指挥，率领南头古城将士、居民联手抗击葡萄牙的入侵，苦于侵略者的洋枪大炮，他就在南头古城召集能工巧匠仿造西式大炮“佛郎机”，汪鋐也因此被誉为中国“师夷制夷第一人”。

古城垣作为防卫性建筑，现在虽已失去防御功能，但仍承载了数百年的历史，凝聚了历代岭南人民对海洋文化的探索追求和奋勇抗击外敌的爱国主义精神，也体现了深圳文化的包容性、多元化。

■ 南头古城南城门

封川县古城墙

建筑地址：肇庆市封开县江口镇北山之南
始建年代：不详，现存部分为明正统十四年（1449年）修筑
规格形制：墙厚4—5米，墙高8—9米

封川古城，坐落于肇庆市封开县江口镇北山南端，地处西江河畔，扼西江水道之咽喉，是古代西江流域的战略重镇。封开在汉初被命名为广信，是谓“初开粤地宜广布恩信也”，这个名字一直沿用至南北朝。直到宋代将广信以东划为广东，以西划为广西，“广东”“广西”之名由此而来。

■ 封川古城城楼

古城有广东省内保存最完整的古城墙之一——封川县古城墙，至今仍保留了原貌的四分之三，四分之一因修路和修建坝基被毁坏。《封川县志》目前关于城墙的最早记载：明正统十四年（1449年）黄萧养乱，典史陈顺因旧址修筑。现存部分是明成化年间重修的，已有500多年历史。封川古城背倚北山，面临西江，构成一个“回”字形城堡。古时候，城的南门名叫“长靖”，东北门为“遵化”，西门叫“镇宇”。在东北及南门上分别建“镇北楼”和“巩南楼”，有战窗、串屋、更铺等二百余间。此外，城内还设有县署、教谕署、训导署、典史署、城守署，武庙、城隍庙、万寿宫、常平仓、监狱等。

■ 封川古城布满青苔的古城墙

古城门呈拱形，砖城长数百米，城郭呈长方形，青砖砌筑，东西城墙长约418米，北面城墙长约168米，墙厚4—5米，高8—9米。城门上方镶嵌有一块石碑，上面竖刻“封州”二字。城楼处或考虑到承重以及建造城门的需要，采用红砂岩做墙基。城砖特制，侧面阳印“封川县造”“封川军造”或阴印“封川县城砖”字样。南城门是城墙保存最完整的部分，呈拱形，用红褐色砂岩石块砌成。

城楼下还立有一块石碑，字迹已十分模糊，被玻璃保护起来。这块石碑刻于明成化九年（1473年），记录了当年修筑城池之事。石碑本立于北城墙后，1949年后因北城墙被拆，一度被附近的工人用作洗衣石，直到1982年才重新立于南城墙。

莲花城古墙

建筑地址：广州市番禺区莲花山
始建年代：清康熙三年（1664年）
规格形制：莲花城面积约10 207平方米，城池为不规则椭圆形

■ 莲花城古城门

莲花城是清初“海禁”历史的产物，清顺治十八年（1661年），顺治皇帝下令东南沿海居民内迁50里，远离海岸，实行海禁，阻断沿海居民与倭寇、反清复明势力的勾结。当时的番禺知县彭襄在莲花山上建筑莲花城，向茭塘、沙湾两司摊派材料和劳工，砌城墙、修营房、建墩台。

莲花城古城始建于清康熙三年（1664年），迄今已有三百多年的历史。古城位于莲花山东北角，是一座不规则的椭圆形城堡，是全中国最小的城堡式海防要塞。南北各有一石砌拱门，城墙里外，都是用青砖砌筑而成。古城墙上大小不

同、颜色各异的砖，就是当时从因内迁而荒废的民居上拆卸下来的，古城墙上能看出六七种砖，城门石和基石也有四五种。墙高5.66米，厚2.34米，全长340米，城墙上有墩台、垛口、马步道用于瞭望、巡逻及防御。城外有烽火墩及20门炮位。站在莲花古城的城墙上，能俯瞰整个狮子洋，向北眺望，是巨轮穿梭的广州黄埔新港，向东望则是田畴如织的农村。莲花城远控虎门，近制狮子洋，地势险要，有“府城捍山”的说法。

莲花城见证了鸦片战争的沉重历史。第一次鸦片战争中清政府战败后，中英双方代表在莲花城内进行协商谈判。英军委派义律和两广总督兼钦差大臣琦善在此密商《穿鼻草约》，义律照会提出割占尖沙咀、香港（指香港岛西南一隅）两地，琦善答称只能选择一处“寄寓泊船”，待英方选定后再上奏请旨。商讨未果，后来英军的坚船利炮沿着珠江口一路北上，令清政府于清道光二十二年（1842年）签订了《南京条约》。经1983年考古，年久失修的城墙得到修复，城内建筑物也按原址修建。今天的莲花城古城，已成为爱国主义教育基地及海防教育基地。

■ 莲花城古墙位于广州市番禺区莲花山东北角

南雄府城正南门

建筑地址：韶关市南雄市中山街29号
始建年代：北宋皇祐四年（1052年）
别名雅称：政平门、南薰楼门
历史地位：南雄城最早的城门

■ 南雄府城正南门全景

“居五岭之首，为江广之冲”的南雄，自古便是沟通岭南与中原的咽喉要道，这里最早的城门就是南雄府城正南门，为北宋皇祐四年（1052年）由知州肖渤倡建。

■ 书刻于明万历二十三年（1595年）的“正南门”石匾

南雄府城正南门坐北朝南，以麻石砌基，青砖砌墙，平面呈“凹”字形，东西宽20米，南北深18米。原来修建的丽谯楼阁在清兵入城时被毁，清嘉庆十三年（1808年），知州戴锡纶重修城楼，名为“南薰楼”。西面设登楼青砖阶梯，宽2米。城门楼通高16.26米，城门宽4米，城墙高6.11米，楼高10.25米，为砖木结构，重檐歇山顶，用酱红色陶瓦覆盖，瓦脊上装鳌鱼宝珠。三十四柱前后廊，全用木柱承重。梁架为穿斗式和抬梁式相结合结构。

南雄府城正南门石匾高1米，宽0.6米，为直书阴刻正楷，石匾上刻“正南门”三字，左落款直书刻“万历二十三年五月吉旦”，右落款直书刻“南雄府知府张东旸同知陆鲤通判谢文炳重修”。1995年，南雄县人民政府重修城楼，才使这块镶嵌在城门上方的“正南门”石匾重现光彩。

正南门后有一条南雄最古老的街道——由义街，也就是现在的中山街，街长200多米，路宽约5米。自唐嗣圣元年（684年）以来，这里就是县、州府衙门的所在地。宋元时期，由义街居住的多是达官富户、巨家旺族。街两边有酒楼、客栈、商铺，是南雄的政治、经济中心。不过后来随着经济社会的发展，这座城区面积只有0.2平方千米的斗城已经不能满足时代所需，历任南雄知府开始了扩城行动，商业中心也转移至河边街、小东门一带。大约在明代中期，由义街便不再是商业中心。民国时，为纪念孙中山先生，由义街更名为中山街，南薰楼也改称中山楼。

广济门城楼

建筑地址：潮州市湘桥区东门街

始建年代：明洪武三年（1370年）

别名雅称：广济楼、韩江楼、东门楼

规格形制：重檐歇山顶阁楼，建筑面积1192.72平方米，总高度24.5米

■ 潮州广济门内游客如云

“东门楼”，是潮州当地人对广济门城楼的习称，它位于潮州市湘桥区东部，正对广济桥，是潮州古城七城门楼之首。虽经多次重修，但仍保持与发挥了民族与地域优良传统的文化艺术，保住了古建筑的历史信息。

广济楼始建于明代洪武三年（1370年），为指挥俞良辅重修城墙时所建，是原潮州古城七门中最巍峨壮观的城楼，历来都是潮州城之城防和交通要隘。1931年，城楼重修时没有按原楼形式复建，而改用当时新型热门的钢筋水泥材料作内部梁柱，外周廊保留木构形式，楼体则被改为三层三檐，与原建筑的结构、形制、风貌相距甚远。1995年经鉴定为危房停用后，确定按清代“潮州古城图”中“广济楼”形式，即三层四檐，面阔五开间、进深三开间、木石结构、青瓦

屋顶形式重修，重现明代建筑风采。

这座城楼首层地面标高为19.8米，保留东门楼原有防守、防洪和观景的功能。修复后的广济楼城门建筑总高度为24.5米，比原城楼约高出2.4米。这座建筑位于一个高大而厚实的平台基础上，拱门中开，面宽七间，深五间，前后由木柱连接支撑，跨出城墙，成为骑楼。屋顶铺有双层大青瓦，每层屋檐都镶嵌着蓝色玻璃钩头滴水、雕栏和画栋。

广济楼的每一层都有名家题写的匾额和柱联：一楼有书法家刘炳森题写的匾额“岭东首邑”，以及陈景舒书写的柱联“城抱江如带，天垂嶂列屏”；二楼有国学大师饶宗颐书写的匾额“东为万春”，以及柱联“万峰当户立，一水接天来”；三楼则是萧娴题写的匾额“广济楼”，以及卢瑞华书写的柱联“得山水清气，极古桥秀风”。这些书法文字相得益彰，为广济楼添注了深厚的文化意蕴。

■ 广济门城楼全景

镇海楼

建筑地址：广州市越秀区越秀山（越秀公园）小蟠龙冈

始建年代：明洪武十三年（1380年）

规格形制：高28米，宽31米，深16米

别名雅称：望海楼、五层楼

历史地位：岭南地区现存规模最大、历史最早的楼阁式建筑

■ 镇海楼如今是广州博物馆所在

今日广东高层建筑的代表是“小蛮腰”广州塔，而在百年前岭南地区最高的建筑是广州越秀山上的镇海楼。镇海楼始建于明洪武十三年（1380年），虽然它楼高仅28米，但仍能成为广州的航标，这得益于它所在的小蟠龙岗原本海拔就接近55米，相对高度比广州市区的平均海拔高六七十米。在海贸繁盛的年代，商船漂洋过海从珠江水道进入广州时，一眼可见镇海楼，也是从那时起，镇海楼被描绘在各种图画和印张上，作为广州城标传到五洲四洋。

镇海楼“似塔又似楼”的独特造型引人注目。其外观上的逐层收缩在古代楼阁中很常见，但它以四面墙体不同的收缩比例，形成了正看似楼、侧观如塔的特殊样式，这样的样式使得镇海楼能稳固地立于复杂倾斜的山地上。形能览胜、势可夺城的镇海楼，被誉为“岭南第一胜概”，先后以“镇海层楼”和“越秀层楼”之名列入清代和

■ 一片春色中的镇海楼

现代的羊城八景。

镇海楼，意为“雄镇海疆”，踞于广州城大北门、小北门之间的制高点，在地形上与越秀山诸冈形成犄角拱卫之势，既可以监视城防随时调兵，又能俯瞰城内动静策应支援，在冷兵器时代的军事意义不言而喻。它见证了近代广州许多重大历史事件，承受了两次鸦片战争期间和抗日战争期间侵略者的炮火，见证了不尽的烽火硝烟。

古楼巍巍，历尽沧桑，镇海楼目睹了中国人民保家卫国的顽强奋斗，更见证着有识之士上下求索的民族觉醒，与广州近代以来澎湃的民主革命浪潮荣辱与共、休戚相关。1929年成为广州博物馆后，镇海楼又承接了近百年的公共博物馆使命，迎接来来往往的人群登临观瞻。

电城钟鼓楼

■ 钟鼓楼是一座三层城楼式建筑

建筑地址：茂名市电白区电城镇十字街口
始建年代：明天启七年（1627年）
规格形制：城楼式建筑，通高13.1米，占地面积为340平方米

神电卫，这个听起来让人有安全感的名字，是明洪武二十四年（1391年）设立的军事机构，统领着电白、高州、信宜、吴川、阳江、阳春的防务，是粤西沿海规模宏大的海防要塞。关于神电卫城的选址一直流传着一则传说：建城前，一位国师在此处勘测出“七星伴月”的福地，于是在“月”所在的地方建起了一座烽火台，即钟鼓楼的前身。

神电卫在当地被称为“电城”，矗立在十字街口的钟鼓楼也随之被称为“电城钟鼓楼”。如今的钟鼓楼是一座砖木石混合结构的三层城楼式建筑，通高13.1米，占地面积为340平方米。首层至今仍是明代实物遗存，用花岗岩条石砌筑，宽22.3米，深16.55米，中开宽4.25米、高4.1米的石砌拱券门，在历次修缮中得以保留。台上两层楼阁高耸，重檐斗拱，红墙灰瓦，典雅古朴，气势恢宏。直到20世纪80年代末期，钟

■ 城楼上典雅古朴的楼阁

鼓楼仍是古城内的制高点。士兵站在楼上南望，若看到数里外的莲头岭炮台的烽火点燃，即鸣钟击鼓以示警，为防灾御寇起到了积极的作用。

它所在的十字街道是神电卫城东、南、西、北四条呈“十”字形的主要街道，连接着四个方向的大门，东门叫作“承恩”，西门叫作“武安”，南门叫作“永宁”，北门叫作“长乐”。虽然电城目前保持了原有大小，但城墙却遭遇了极大的损毁，一部分在抗日战争期间被日寇飞机炸毁，另一部分为了便于群众逃避空袭被拆，还有一部分战后被削低改为环城公路。

崇祯二年（1629年），钟鼓楼曾改名“文昌阁”。钟鼓楼二楼墙上嵌的一块碑文记载了同治年间十二位文人在此结社饮酒酬诗的往事。此外，楼内还有一副木刻对联，上联“一点文章光士籍”，下联“九天开花护儒林”，横批“小嫏嬛”。嫏嬛乃神话传说中天帝藏书的地方，后泛指珍藏书籍之所在。

大莱芜炮台

建筑地址：汕头市澄海区坝头镇之莱芜岛上
始建年代：清康熙五十六年（1717年）
规格形制：长52米，宽25.9米，高5米，面积1348平方米

莱芜岛历来是粤东海防要冲，闽粤海上交通必由之路，明末郑成功下台湾，也先后两次驻足于此。至清康熙五十六年（1717年），潮州总兵右营把总分兵驻扎于此，大莱芜炮台正式建立，是清初潮州府的海防营汛，与长山尾炮台相对，宛如“姐妹”炮台，共同守护着长山尾洋的安全。

■ 大莱芜炮台古炮

炮台面积1348平方米，原设火炮8门、营房27间，配水兵42名，属清兵防南澳镇澄海协左营。配把总官员1名，士兵42名，战马1匹，坐骑3匹，艍船2艘，随汛操巡。现炮台遗存四周围墙，呈长方形，长52米、宽25.9米、高5米，外堞厚0.7米、内堞厚1.8米，垛高1米，炮台内西南角一平面方形炮

■ 由两侧的阶梯可登上大莱芜炮台

位，边长13米、堞厚2.1米，面积169平方米。墙体均为灰沙夯成，虽久经风雨，仍坚固结实。炮台东南面开一门，高2.7米、宽1.55米，是大莱芜炮台唯一的出入口。

进入古炮台，南、北两侧的墙垣都有阶梯可登城。从石台阶登上去，西面有两尊古炮模型，居高临下，俯瞰大海，雄伟威严。远眺则可将对岸的莱芜山、西北海中的凤屿岛尽收眼底。炮台南墙上留有两个清晰可见的弹坑，那是抗日战争时期大莱芜炮台抵御日寇军舰炮轰的光荣勋章。

莱芜岛是潮州海防军事重地，据《澄海县志》载：明隆庆三年（1569年）六月，左侍郎刘涛总督闽广军务，大破海寇曾一本于此。当时总兵郭成赶来配合战斗，以莱芜火炮攻击海寇船只，海寇曾一本被迫投水死亡。明崇祯四年（1631年），福建海寇李之奇驾舟十艘，聚众由莱芜入南港犯澄海县城，莱芜营汛与内地官兵再次联合围剿，歼灭贼寇。

崖门炮台

■ 崖门炮台全景

建筑地址：江门市新会区古井镇三崖村崖门海口东边
始建年代：清嘉庆十四年（1809年）
规格形制：炮台呈弧形，全长180米，级深3.5米，高6米
别名雅称：东新炮台、崖门古炮台

1958年，周恩来在崖山视察时说："崖山这个地方的历史古迹，还是有意义的，宋朝虽然灭亡了，但当时的许多人还是坚持了我们的民族气节。"新会崖门古战场是700多年前南宋时期海战的主战场，即中国历史上著名的崖山海战的发生地，战争中

元军以少胜多，最终南宋大臣陆秀夫背着少帝赵昺投海自尽，南宋彻底灭亡。

崖门炮台建于清初，清嘉庆年间，清政府因为旧炮台台址距海较远而改迁到今天的江门市新会区古井镇三崖村，称“东新炮台”。新中国成立后，人们就称此炮台为“崖门古炮台”，1989年定名为“崖门炮台”。

崖门炮台上的一门古炮

崖门海口东边炮台呈半月城堡型，基座和城堡分别以花岗岩和砂灰砌建、夯筑，全长180米，高6米。崖门炮台虽然是单体炮台，但设上下两层。下层设22个炮位和2个门洞，遗有清道光年间铸造的四千斤铁炮三门，炮位间设隔墙。第二层用条石置于隔墙上作通道，炮位21个，分别置于下层的隔墙中间。再上是望窗和驼峰式缺口，有瞭望窗24个，驼峰缺口45个，遗有小炮二门。炮火上下协同，有利于指挥发炮和弹药补给，大炮射程有远有近，易于击中目标，迅速封锁海面，控制局势。

炮台扼守珠江进入南海的水道，筑在主航道旁，为军事要塞，其地自北宋设关驻守，明代已修炮台。炮台设有兵房、地下弹药库，均设隧道通连。背后是小山，山壁中建有弹药库和兵营，山上设有月台式瞭望指挥台。炮位间的二门，一在东角，一在中间，以中门为主道下海，门洞筑成拱形，向海处有门额“镇崖台”三字石刻。其下台阶直通水面，原设有厚铁门。再往东为岩石壁，刻有清嘉庆、道光等重修时的石刻“炎海风清”等，因这些石刻都在向水方，只有乘船才可看到。

虎门炮台

建筑地址：东莞市虎门镇南面村

始建年代：清嘉庆二十年（1815年）

主要建筑：沙角、大角炮台，威远、镇远、靖远、巩固、永安、横档前山月台，大虎炮台

■ 虎门炮台拱卫着珠江口

虎门炮台是分布在虎门海口一带炮台的总称，包括珠江口东岸的沙角、威远、靖远、镇远、南山、蛇头湾、鹅夷等炮台，素有“中国南方海上长城”和“金锁铜关”的美名。虎门炮台在海岸设防中起到控制咽喉的作用，在鸦片战争及其后反抗外来侵略的战争中发挥过重要作用，是世界禁毒史和中国近代史开篇的重要见证者之一。

■ 虎门炮台巨炮

虎门作为当时广东最重要的门户，在第一线抵抗英国侵略者。道光十九年（1839年），道光皇帝命林则徐前往广东禁烟，林则徐与英国人多次外交争锋后明白武力冲突已经在所难免，因此特意修整虎门炮台群。虎门海口原主要炮台有大虎炮台、镇远炮台、横档月台、大角炮台、沙角炮台、南山炮台。关天培在旧南山炮台前方添建了威远月台，移置炮位，在横档山背增建永安炮台，在芦湾山脚新建巩固炮台，在威远、镇远炮台之间另建靖远炮台。此后虎门炮台群由11座炮台组成，分三重门户保卫珠江口，第一重门户为沙角炮台和大角炮台，第二重门户为南山、威远、靖远、横档、永安、巩固炮台，第三重门户为大虎炮台、新涌台炮和蕉门炮台，共设火炮300多门。

珠江口的炮台群，由11座炮台构成，本应是坚不可摧的海岸防线。然而，由于装备陈旧、设计缺陷以及误判敌情，虎门炮台群的防御存在重大漏洞。1841年，英国驻华监督查理·义律率领18艘军舰对虎门炮台发起突袭。关天培英勇抵抗，身先士卒，虽多次击退英军，却因援兵不至而陷入苦战。当夜幕降临时，面对压倒性的敌军，关天培及其400余名部下最终壮烈牺牲，留下了一幕悲壮的历史画卷。

崎碌炮台

■ 崎碌炮台场院内景

建筑地址：汕头市金平区崎碌街道
始建年代：清同治十三年（1874年）
别名雅称：石炮台
历史地位：我国保存较为完好、单体面积最大的炮台

在汕头金平区，有一座从空中俯瞰似一巨大罗盘，远观似一座城堡的建筑，那便是著名的崎碌炮台。第一、第二次鸦片战争后，汕头作为十个通商口岸之一，外国商船纷至沓来。为加强海防，驻潮州总兵方耀以“邻分不近，潮海严防”为由，奏请清廷修建该炮台。崎碌炮台倾注八万余银圆，历时五年建成，以总面积1.96万平方米成为全国单体面积最大的炮台。

崎碌炮台俗称“石炮台”，走进石炮台公园，一条水深3米、宽23米的护台河环绕崎碌炮台一周，跨过石桥，越过护台河，便可触摸到炮台的墙体。崎碌炮台建筑风格独特，圆环状带形墙体的城堡，墙体以贝灰、沙、糯米粥及红糖调和夯筑，配以花岗岩石料。内圈直径85米，外圈直径116米，内围墙高5.15米，外围墙高6.7米。炮台大门采用明清时期的券门样式，宽和高各3米，门墙厚3米，建成连接拱顶的隧道式炮巷。炮台底层坑道与十字交叉拱窟窿全部用非风化花岗岩规格石砌筑，垛口炮位均铺上花岗岩石条，石缝严密，砌筑坚固。炮台场院内的波纹形石阶尤为奇特，石阶的修筑有利于将大炮顺阶推上台面炮位。环圆式台面由石条铺成，有指挥台、通风报话塔、石梯等。炮台上下两层原各安装火炮18尊，其中最大的一尊为重达2500千克的前膛大炮，射程达8000米。但在辛亥革命后，炮台所有大炮被军阀以废铁卖给日本，现在能看到的大铁炮均是仿制品。

尽管崎碌炮台是海防军事炮台，但并未开炮作战就被毁灭，成为历史。在民国时期曾被军阀所霸占，后被国民党政府改作监狱，在国内革命战争时期还曾经囚禁过共产党人和革命群众，包括革命烈士李春涛等在内的不少共产党员在里面受尽折磨。1927年，八一南昌起义部队曾在崎碌片区坚持七天，被称为“汕头七日红”。

■ 崎碌炮台是一座圆环状带型墙体的炮台

大鹏所城

建筑地址：深圳市大鹏新区鹏城社区
始建年代：明洪武二十七年（1394年）
别名雅称：大鹏守御千户所
主要建筑：赵公祠、天后庙、华光庙、侯王庙和十余座清代将军府第

自洪武十七年（1384年）起，明朝为了应对倭寇威胁，进行了军事建制和边防屯守的改革，创造了一项名为“卫所”的制度，将兵力分布到各地，将军队与平民相互融合。在这一制度下，被称为“卫指挥使司”的地方设有5600名军士，而“守御千户所”则有1120名军士。

■ 大鹏所城城门

■ 俯瞰大鹏所城

大鹏所城，位于深圳大鹏新区，得名于深圳第二峰——七娘山，过去叫作“大鹏山”。城池呈方形平面布局，城墙由青砖和麻石构成，底宽5米，墙体宽2米，高6米，总长约1200米。城墙上鳞次栉比地分布着654个雉堞，并设有马道，东、西、南、北四个城门，每座城门上都有一座防御楼，四周还设有四个哨铺。城外环绕着一条长1200米、深3米、宽5米的护城河。这座城池一年四季都要面对台风和酷暑的考验，因此建筑物都经过精心设计，以抵御风灾。民居屋顶的瓦片更加弯曲，以便在台风袭来时紧密结合，城市布局也善于引导风力，通过城内的18条丁字巷，将强风分散，为巷战提供了有利地形。

起初，大鹏所城是为了对抗倭寇而兴建，但在鸦片战争爆发后，英国占领了香港，大鹏所城成为中国抵御英军侵略的最前沿。1839年，九龙海战拉开了鸦片战争的序幕，英军以“买食”的借口接近城池，发动偷袭。当时正在城池巡逻的大鹏营守将赖恩爵迅速指挥水师和九龙炮台进行反击，最终获得胜利。赖恩爵将军一生参加了36场战斗，无一败绩，展现了中华人民英勇抵抗的坚韧精神。城池内，振威将军第内悬挂着“还我祖愿”的牌匾，代表了赖恩爵将军期盼早日收回香港的心愿。

如今，大鹏所城也已经转型为一个多功能的综合旅游区，吸引着游客前来观光，体验生态旅游，参与科普和爱国教育等活动。

大城所城

■ 大城所城保存最好的城门——朝阳门

建筑地址：潮州市饶平县所城镇
始建年代：明洪武二十七年（1394年）
别名雅称：大城所
历史地位：潮汕地区唯一留存的古所城

在饶平所城镇，端午节的庆祝活动别具一格。饮食方面，除了粽子，当地还有特色的“鼎翻”面食，这是一种用平底锅煎制的薄饼，里面卷入了猪肉丝、香菇虾仁等馅料，是北方戍城士兵带回家乡的食物。民俗方面则更有特色，从农历五月初一至初五，居民们会抬着竹片和纸糊的“龙舟”，在街道间游行。活动开始时，由长者领队泼洒“红花水”，随后鸣锣十三声以示开道。

为何在岸上“赛龙舟”？其实晚至明初，大城所城的龙舟竞渡仍在溪河上举行。然而到了明代中期，随着海岸线外移，溪河淤塞，传统的水上龙舟竞渡不再可行。因此，当地居民创造性地制作了“旱龙”，在街巷中游走，以此延续端午节的传统庆祝活动。如今，所城仍保存着明代时“三街六巷”的棋盘式路网格局，旧时的衙堂、城隍、祠宇、戏台错落其间，呈现出外方内整的平面。古所城设东西南北四个石拱门，东、西、南方向的街道均称为“街”，唯有北门称为“巷”。原来是因为昔日“三街”皆有商铺，而北门仅做柴草生意，故称巷不称街。大城所城大小巷道共有23条，巷名饶有趣味，如猫跳巷形容巷道狭窄，七曲巷是因为巷道有七个弯……所城内的井也别具特色，二孔井、四孔井、六孔井，有圆孔还有方孔。所城里大大小小的庙宇道观共20多座，甚至还有一座基督教堂。所城里的老人最看重的还是城隍庙，因为里面供祀的是建城功臣百户顾实。城隍庙的正对面是一座古戏台，每年正月十三就在此处演戏酬神。

大城所城地处闽粤交界，被称为粤东第一哨，常受倭寇侵扰之苦，一代代人为此奋力抵抗。明穆宗隆庆二年（1568年），福建海盗曾一本兵临东里。戚继光派镇守大城所部将王凤山与闽参将张元勋联合在竹林堡设下埋伏，将其全部歼灭。闽粤一带贼兵倭寇终于平息下来，大城所周边也恢复了安宁。

■ 俯瞰大城所城

靖海所城

建筑地址：揭阳市惠来县靖海镇
始建年代：明嘉靖二十八年（1549年）
别名雅称：象城、靖海守御千户所

民间有“未有惠来县，先有靖海城”一说。靖海所城又称“象城”，可能是因为贯通四门的长十字形街道及卵形围墙形成了独特的象形格局，也可能是因为所城地势中间高四周低，似一头象崮驮古城。

这里原是古揭阳的兵戎之地，防御海盗倭寇，古城墙原来周长近2000米，今留存

■ 靖海所城东城门，其上刻有“表海胜概”石匾

■ 俯瞰今日靖海所城

北城墙和东城墙北段约1300米的完整城墙，西、南城壕依稀可辨，东门、北门的瓮城完整如初。东城墙北段保存完整，高4米，两边系条石垒筑，中夯灰土。城垛上有望孔，城墙上是跑马道，宽约4米。半圆形的护门小城，与城墙连在一起修建，这是粤东罕见的保存完整的瓮城。瓮城是指城门外侧加筑的小城，当敌人入侵时，士兵佯装不敌，放敌进城，待进军进入瓮城后，立即将瓮城内外二门锁住，实现瓮中捉鳖。

所城内的周王二公祠背后隐藏着一段护国佑民的感人故事。当地百姓为感念周有德、王来任两位地方官员施行仁政，自发在所城内旧戏台北面建设纪念庙宇。二公体恤沿海人民受“沿海迁界”之苦，冒死上疏请求复界，康熙六年（1667年）王来任被罢官，不久后病死在广州。周有德升任两广总督后继续上疏，痛陈“迁界”之害。最终在康熙八年（1669年），清廷准许居民回迁。

走进古城，所城内书斋、宗祠、神庙、古民居林立，仍可感受到浓郁的市井烟火气，做小买卖的一家挨着一家，丝毫不让古城落寞。庆祝春节等重大节日时，当地还会表演英歌舞。与其他地方不同，靖海的英歌舞更为注重武术的融合，有南拳虎虎生威的气势。

柒

YACANG LINGNAN

中西合璧

怀圣寺光塔

建筑地址：广州市越秀区光塔路56号

始建年代：唐初贞观年间（627—649年）

别名雅称：光塔、呼礼塔

■ 广州市越秀区光塔路

塔身呈圆筒形，无层无栏杆，遥望似一根光洁银柱耸立珠江边——这就是怀圣寺光塔，东亚最早的清真寺，也是世界上最早建立的清真寺之一。怀圣寺光塔也称礼塔，波斯语读作“邦克塔”。据说，因“邦”与“光”在粤语中读音相近，遂称为“光塔”。

怀圣寺光塔在寺院内西南隅，形体独特，圆筒形的塔身自下而上收拢，形似城堡，塔身灰白色，底径8.85米，高35.46米。整座塔无层无栏杆，仅在塔脚南北两侧各开一门，门内有一螺旋塔梯盘绕而上，直通塔顶。塔顶上最初是一金鸡候风仪，可随风旋转以示风向；入夜后，可在塔顶悬灯，为往来商船导航；还可供穆斯林登上塔顶做礼拜。明清时期，金鸡候风仪屡次被大风吹落，改为葫芦宝顶，而后又改为橄榄形。光塔整体由砖石砌成，用糯米饭加上蚌壳灰黏合，使得这座没有钢筋水泥的塔能

怀圣寺光塔

屹立千年而不倒。然而，近年来怀圣寺光塔的主塔和小塔均倾斜倒向西北方，故被称为“中国版的比萨斜塔”。

光塔见证了伊斯兰教随着海上丝绸之路漂洋过海在中国大陆扎根的历史，见证了伊斯兰教的建筑、宗教文化与中国文化的结合。寺内现存的看月楼、礼拜殿等建筑，重建于清康熙与民国年间，庭廊楼檐布局，具有中国唐代建筑风貌，月坛、古代石栏杆的拱形雕刻具有伊斯兰特色。

经专家论证，光塔是国内现存最早的宣礼塔，虽然其原有的导航和传声功能已经失效，但在新时代，见证了广州地貌变迁的光塔成为重要的历史遗迹和旅游观光地，不断为提升城市文化影响力作出新的贡献。

■ 沙面岛上的西式建筑

广州沙面建筑群

建筑地址：广州市珠江岔口白鹅潭畔
始建年代：19世纪下半叶陆续兴建
主要建筑：法国租界花园、皇后花园、圣公会基督教堂旧址等

1858年6月，在第二次鸦片战争期间，中英签订的《天津条约》使得租界制度在全国推广开来，英帝国主义要求在广州沙面恢复被烧洋馆。在珠江岔口白鹅潭畔，在沙面和沙基间挖出一条河涌使沙面成为一个岛，这个人工构筑的小岛上聚集了外国租界建筑。法国与英国分别在1859年、1861年建造了沙面东桥与沙面西桥，又称“法兰西桥”与“英格兰桥”。

沙面建筑群的早期建筑可追溯到沙面租界的形成的19世纪末。此时修建的大多数建筑规模相对较小。如今漫步在茂密绿荫下的沙面大街，可以看到当时的建筑多为两层高，正面都设有一、二层的外廊，外墙通常涂有浅白色或浅黄色的抹灰。

而中期的沙面建筑则集中在19世纪末至20世纪初兴建。这个时期，英法工匠采用了欧洲的钢筋混凝土技术，使得大型建筑成为可能，大量的银行、洋行和公司开始兴建。这个时期的沙面建筑风格被称为“仿古折中主义”，建筑立面融合了庄重的西方古典主义柱式和富有动感的巴洛克式塔楼或柱头瓶饰。几乎所有建筑都采用广州地区传统的陶筒板瓦，俗称“碌筒瓦”。一些重要建筑甚至使用了中国传统的绿色琉璃瓦。

后来，沙面建筑逐渐转向简洁的现代主义风格，只在个别地方保留了西方传统的建筑符号，但室内装饰仍然坚持古典主义。例如，沙面三街2号原美国领事馆，呈现出现代建筑的“方盒子”形象，标志着沙面租界建筑风格进入最后一阶段。

在这个仅占地0.3平方千米的小岛上，有整整54处文物建筑单位。2019年9月底，沙面历史文化街区整治提升工程完工，让人们有机会更好地欣赏这些珍贵的历史建筑。

■ 俯瞰整个沙面岛

广州圣心大教堂

建筑地址：广州市越秀区一德路旧部前56号
始建年代：清同治二年（1863年）
别名雅称：石室、石室耶稣圣心堂、石室天主教堂
历史地位：国内现存最宏伟的双尖塔哥特式建筑之一，也是全球四座全石结构哥特式教堂建筑之一

从高空俯瞰，圣心大教堂的平面为拉丁“十”字形，这在天主教的文化中象征着耶稣背负十字架的奉献精神，又是太阳、火、光明的象征，表现教徒对“上帝之光”的追求。

圣心大教堂历史悠久，始建于1863年，于1888年竣工，整个建造过程耗时25年。这座壮丽的大教堂由法国设计师设计，由中国工匠以精湛的技艺建造而成。教堂东侧墙角下刻有“JERUSALEM1863”，而西侧墙角下则刻有“ROME1863”的字样，这些刻字至今仍然清晰可见。教堂总建筑面积达2754平方米，宽35米，南北长约78.69米，从地面到塔尖高达58.5米。它是

■ 广州圣心大教堂全景

■ 广州圣心大教堂内景

国内现存最宏伟的双尖塔哥特式建筑之一，也是全球仅有的四座全石结构哥特式教堂建筑之一。

这座教堂的建筑结构和设计都充分展现了哥特式建筑的精湛工艺和美学价值。其中一大亮点是拱券结构。每根方柱的四面都环绕着一圈小圆柱，形成了集束柱，这些集束柱向上延伸超过15米高的柱头，然后分散成尖形的券，这些券相互交叉汇聚到拱顶的最高点，形成了教堂坚固的“骨架”。在券与券之间填充了薄薄的“蹼”，从而构成了完整的拱顶结构。券被支撑在柱子的顶部，而“蹼”的重量则传递到券上，再由券传递到柱子，最终传递到地面，形成了强大稳固的结构。此外，所有的券都是尖券，这进一步扩大了内部空间，并促进了力的传导。教堂的东、西、北三面还有24个飞扶壁，用来承受拱顶产生的横向侧推力，犹如一双双凌空飞翔的手，托起了教堂的外壁。

在建造圣心大教堂之时，由于东西方建筑技艺差别巨大，负责施工的中国工匠只能凭借一个木制模型逐步摸索。另外建筑师与工人之间存在语言交流障碍，又因水土不服，两位法国建筑设计师先后离开。最后由广东揭西的石匠蔡孝巧妙地采用了若干中国传统工艺技术和材料，突破了建造过程中的困境，最终建造成这座宏伟的、可以与闻名世界的法国巴黎圣母院相媲美的广州圣心大教堂。

陈芳家宅

建筑地址：珠海市香洲区前山街道梅溪村
始建年代：清光绪十六年（1890年）
规格形制：占地面积5742平方米，建筑面积2600平方米
主要建筑：陈芳故居、石牌坊群、陈氏墓园

■ 陈芳家宅建筑上精美的砖雕艺术

1909年，美国作家杰克·伦敦在《夏威夷故事》中讲述了一位夏威夷华人富商的故事。数年后马克·吐温也把这位富商记入他的7篇报道之中，结集成《发自夏威夷的信札》。1964年，百老汇上演了一出名为《13个女儿》的歌舞剧，主人翁也是这位富商。这位颇具影响力的华人富商名叫陈芳。

陈芳于清道光五年（1825年）出生于珠海前山镇梅溪村，24岁时家道中落，远赴夏威夷谋生。在经营店铺时，他首创“开架销售，自由购买”模式，赚了很多钱。19世纪60年代，他开办“芳植记”公司主攻制糖业，后借美国南北战争期间北方被南方断绝糖源的机会，扩大甘蔗种植园，向美国北部倾销蔗糖，一举成为当地华侨首富，有“商业王子”与“糖业大王”的美称。在美国，陈芳迎娶了夏威夷皇族小姐朱丽亚为妻，进入夏威夷贵族阶层，被选举担任夏威夷王国国会议员。1880年，陈芳被光绪皇帝任命为中国第一任驻夏威夷商董。

■ 梅溪石牌坊

1890年，陈芳荣归故里，开始筹建家宅。1890年至1896年，梅溪村建起一座陈公祠、三座大屋、一座洋楼和一座花厅，其间有走廊相连，门窗装饰彩色玻璃，随处可见精美的木雕、砖雕。其结构是中式的，但许多设计元素却流露出异国气质。

陈芳回乡后，积极捐钱兴办学校、整理村容、装置水电，广受乡邻的爱戴。为表彰陈芳及其亲属在美国的政商成就和为家乡所作善举，光绪皇帝分别于光绪十二年（1886年）和十七年（1891年）在梅溪村赐建了四座精美的石牌坊，现存三座。牌坊用花岗建造，造型艺术中西合璧，将力学结构和雕刻装饰巧妙结合，是石建筑艺术的珍品。

1906年，陈芳逝于澳门，葬于家宅附近的陈氏墓园。美国建国200周年时，陈芳被评选为百位对美国最有影响的外籍人士之一。

开平风采堂

■ 名贤余忠襄公祠

建筑地址： 江门市开平市东堤路2号风采中学内

始建年代： 清光绪三十二年（1906年）

别名雅称： 名贤余忠襄公祠、名贤祠

规格形制： 三进六院十五厅堂的岭南庭院式布局，总面积5364平方米

北宋政治家、文学家余靖一生的光辉业绩彪炳青史，动人风采流芳百世，获宋仁宗御笔亲题“风采第一，广南定乱，经略无双”，与之同朝为官的蔡襄作诗赞其“好竭谋猷居帝右，直须风采动朝端”，流芳后世。清光绪年间，开平、台山两地余姓族人为纪念这位先祖，修建了开平风采堂。

开平风采堂背靠古有“儒林里”之称的荻海余村里，始建于清光绪三十二年

（1906年），于1914年竣工，由风采堂和风采楼两个主体建筑，以及门楼和环形祠围墙构成。整个建筑群三面环水，坐西南朝东北，其三进六院十五厅堂的岭南庭院式布局颇为壮观。

走进风采堂，正门上大字书写着“名贤余忠襄公祠”。内部空间祠庠合一，中间为祠堂，东西两翼为学堂。风采堂后的风采楼是一栋三层城堡式建筑，顶楼“风采楼”三字为明朝大儒陈献章的墨宝。开平风采堂为砖混建筑，在建筑设计上大胆应用西式结构，如柱式、拱券、铁柱等，而在艺术装饰上则采用石雕、砖雕、木雕、陶塑等传统中式建筑艺术，令整座建筑熔中西建筑艺术于一炉，在岭南现存西洋古典建筑中具有较高的艺术价值。

余靖从政期间撰写了《从政六箴》，总结出“清”“公”“勤”“明”“和”“慎”六字箴言作为自己的座右铭，时刻警戒自己做一个清正廉明、为国为民的好官。千年后的今人不忘先贤的高风亮节，挖掘提炼了余靖的从政理念和勤廉事迹，建设起风采堂廉政教育基地。

余靖既是文官又是武将，他戎马半生，赤胆忠心，一辈子为了国家和平、人民安居乐业奔走。余靖博大高尚的情怀，久久滋养着后世人。

开平风采堂内景

陈慈黉故居

■ 陈慈黉故居是潮州文化的一个缩影

建筑地址：汕头市澄海区隆都镇前美村
始建年代：清宣统二年（1910年）
别名雅称：“岭南第一侨宅”
主要建筑：郎中第、寿康里、善居室和三庐书斋

在汕头地区，流传着“富不过慈黉爷”“慈黉爷起厝”这两句民谚，这位“慈黉爷”指的就是清末富商陈慈黉。陈慈黉起的“厝”就是如今有着“潮汕小故宫”及“岭南第一侨宅”之称的陈慈黉故居。陈慈黉故居是著名旅外侨胞陈黉利家族在其家乡汕头市澄海区隆都镇前美村建造的十几座大型宅第的总称，包括了郎中第、寿康里、善居室和三庐书斋，始建于清朝宣统二年（1910年），历时近半个世纪，故居占地2.54万平方米，共有厅房506间。

陈慈黉故居在保留潮汕传统民居风格的基础上，巧妙地融合了西亚及欧洲的建筑艺术，体现了中西合璧的特色。其“驷马拖车”结构不仅融入了西式楼宇的设计，还装饰有亭台楼阁和曲折的通廊天桥。庭院内，潮式木雕、石雕、嵌瓷和灰塑等传统装饰艺术与伊斯兰风格的三角和菱形瓷片门窗相映成趣，而罗马柱、石膏泥塑和大理石板等西方元素也融入其中。这些装饰在门廊和窗套上交织，让人难以区分是潮汕嵌瓷还是西方马赛克，彰显了一种独特的跨文化艺术风格。

善居室面积达到了10亩（约合6666.67平方米），计有厅房202间，是陈慈黉故居内最大的一处院落，也是最具有代表性的建筑。善居室的主人是陈慈黉幼子立桐，因其早逝，故此院落基本由其幼媳一手督建。1939年，日本人攻陷汕头，善居室也因此未能完成修建。

对于大宅里的建筑，陈慈黉要求工匠们慢工出细活，不计成本，只求质量。一堵墙、一扇窗没有修筑达到完美，往往需要推倒重来好几次。远近闻名的能工巧匠们齐聚一堂、斗智斗艺，据说他们在作业时皆用布幕遮挡，防止互相干扰摹仿，只博“交卷”时主人一声赞叹，可见陈氏富裕之至。

■ 陈慈黉故居兼具宏伟壮观的建筑规模、中西合璧的建筑艺术、古老的潮汕民俗、典雅的旧日风情

瑞石楼

■ 瑞石楼的顶部有三层亭阁，凸显西方建筑独特风格

建筑地址：江门市开平市蚬冈镇锦江里村

始建年代：1923年

规格形制：高9层、25米，占地面积90多平方米，钢筋混凝土结构

别名雅称：“开平第一楼”

电影《让子弹飞》中高大宏伟而富有异域风情的碉楼，让人印象深刻。这些独特的建筑位于江门开平。开平碉楼与村落是目前广东省唯一的一处世界文化遗产。

开平碉楼是广府建筑的代表类型，它将希腊式立柱、哥特式拱顶、中式壁画等建筑艺术巧妙地融合在一起。它们由当地出海经商回乡的华侨修建，每层建有枪眼，高层为望台，往往还设有机枪和探照灯，这样集防卫、居住功能于一体的多层塔楼式建筑，能有效地保障村民的财物免于土匪的侵扰。

现存有1800多座碉楼分布于开平的城乡之间，其中最具代表性的或属有“开平第一楼”之称的瑞石楼。瑞石楼坐落在蚬岗镇锦江村，于1923年兴建，1925年落成，高达25米，是开平现存最高的碉楼。楼体采用钢筋混凝土结构。首层至五层楼体都有不同的线脚和柱饰，各层的窗裙、窗楣和窗花的造型与构图也各有不同。五层顶部的仿罗马拱券和四角别致的托柱循序渐进，向上自然过渡，在碉楼建筑中较为少见。六层有由爱奥尼克风格的列柱与拱券组成的柱廊。七层是平台，四角建有穹窿顶的角亭。八层平台有一座西式塔亭。九层建有穹窿顶的小凉亭。

瑞石楼是开平现存最高的碉楼

“瑞石楼”之名来源于它的始建人黄璧秀（号瑞石），他在香港经营药铺和钱庄致富。20世纪初的江门社会治安不佳，为了保护家人的安全，黄璧秀斥资3万多元港币建设了这座碉楼。此楼建至6层时，黄璧秀的父亲以楼层过高、过于张扬为由，要求儿子就此封顶，但黄璧秀坚持继续向上施工，直至9层；他还请到当时著名的书法家、广州六榕寺住持铁禅大师为“瑞石楼”题名，这才成就了这座傲视群楼的“开平第一楼”。

中山纪念堂

建筑地址：广州市越秀区东风中路299号
始建年代：1929年
规格形制：八角形古宫殿式建筑，占地面积约为12 000平方米，高52米

■ 中山纪念堂前的孙中山雕像

“以伟大之建筑，作永久之纪念”，这是1925年倡议修筑中山纪念堂时所提出的口号。此后，筹建委员会在报上征集设计方案，年仅34岁的青年建筑设计师吕彦直先生拔得头筹，其后纪念堂的设计工作就由他主持。值得一提的是，南京中山陵也是由吕彦直主持设计的。

中山纪念堂的外观，看起来像是一座古代的宫殿。其实，这正是设计师的巧思所在。中山纪念堂创造性地借鉴了中国传统的宫殿形式，采用了重檐歇山式的屋檐，层层飞檐出卷，屋顶覆盖着宝蓝色琉璃瓦，立柱和门窗皆为朱红之色，整体观之，气势宏大，辉煌夺目。纪念堂前正中央矗立着孙中山先生的铜像，这座铜像建

■ 木棉掩映的中山纪念堂

于1956年，下有白色花岗石基座，上书孙中山先生《建国大纲》中的内容。而在纪念堂内，则选择了大会堂的形制进行设计，设有看台与座位。有意思的是，设计师采用当时先进的钢材结构来扩大内部空间，还将支撑所用的柱子隐藏到四围的内墙之中，这样的设计使得观众的视线和听感都不会受到遮挡，因此在堂内演说，效果极佳。

如今游客去参观中山纪念堂时，可以看到后山上还矗立着中山纪念碑。其实，二者原先乃是一体化的设计，都位于广州传统城市中轴线上，形成“前堂后碑”的格局。这块碑以花岗石砌成，高达37米，底座呈方形，上有尖顶，气势十分雄伟庄严。在中山纪念堂里还有广州最大的两株白兰树和最老的一株木棉树，古木峥嵘，郁郁苍苍，在春去秋来之间，似乎见证着纪念堂百年来的悠悠岁月。

■ 逵园

东山洋房

建筑地址：广州东山新河浦路、恤孤院路一带

始建年代：二十世纪初期

主要建筑：“五大侨园”，即逵园、春园、隅园、明园和简园

在广州东山的培正路附近，有一座名为“‘东山少爷’‘西关小姐’”的城市雕塑，雕塑家许鸿飞以艺术的手法，向人们讲述了老广州人挂在嘴边的两处代表性街区。当西关已高度繁荣之时，东山还是一片丘陵起伏、乱草丛生的放马之地，零星点缀着几个孤单的自然村落。直至20世纪20年代，广州城市发展重心渐渐东移，东山慢慢聚集了一些华侨、教授、医生、实业家等。带回大量侨汇的华侨，急于寻找投资增值的出路，东山的房地产投资掀起高潮。被称为“五大侨园”的逵园、春园、隅园、明园和简园是东山洋房最具代表性的建筑。

东山洋房大体分为两类型：一种是花园别墅式，前后有庭院，主楼多为二三层，外墙用红砖砌筑，水泥钢筋结构，多采用仿罗马、希腊等形式，门廊入口处采用券拱形式和山花顶，形式新颖，副楼多为平顶，清水红砖缝外墙，装饰稍逊色；另一种建筑则线条简练，装饰简洁，外墙用红砖砌筑，楼上筑阳台或前廊，室内明亮宽敞，地板铺水泥花阶砖，柚木门窗，主楼前设小庭院。

以简园为例，简园主楼的建筑风格与20世纪初在美国西南海岸盛行的西班牙式建筑风格相接近，建筑层数较低，共三层，总建筑面积492平方米。外墙使用水泥砂浆材料批打成凹凸不平的毛面，刻意营造粗糙的外墙面效果，颜色呈鲜艳明亮的白色或浅黄色，屋顶可上人。前后置花园，建有突出的券拱门楼，主立面正中为六根古典塔司干柱式，与上部弧形阳台、敞廊一起成为建筑造型的构图中心。

■ 春园

此外，中共广东区委曾租下春园附近的一座两层小楼作为会议场所。如今，这座经过精心修复与重建的砖红色建筑更加引人注目，它便是中共三大会址纪念馆，不仅保存着历史的记忆，也代表着对未来的希望与承诺。

索引

致谢

“雅藏岭南”丛书出版过程中，得到了多方助力，尤其在图片搜寻和提供方面。

因丛书编写先举纲后选目，再按迹以索图，其间幸赖南方日报视觉中心，南方日报汕头分社、梅州记者站、惠州分社、江门分社、湛江分社、清远分社、揭阳记者站，南方都市报的大力支持，深为铭感，特致谢忱！

由于供图来源多端，在书中未能一一注明，谨此具名以致谢（排名不分先后），挂一漏万处，敬请见谅！

《诗词里的岭南》：图虫创意、视觉中国、Fotoe、雅昌文化等。

《古画里的岭南》：广东美术馆、广州艺术博物院（广州美术馆）、雅昌文化、佃锐东等。

《古建里的岭南》：视觉中国、Fotoe、图虫创意、丹灶镇宣传文体旅游和教育办公室、阳江日报社、惠阳高级中学，张声金、程建军、徐佩英、刘再扬、谢锦树、黄其营等。

《节庆里的岭南》：广东省摄影家协会、云浮日报社、容桂街道办事处、视觉中国、汇图网、图虫创意，谢锦树、冯文超、麦树钿、郑健邦、苏润、郑坚、郭怀忠、李程、黄华养、龙建平、汤跃范、黄庆明等。

本丛书编写历时较长，文图改易颇多，部分方家的供图因篇目删改未能选入，殊深歉疚，亦请谅宥。丛书内容涉及文学、艺术、建筑、民俗、历史诸多专业领域，疏舛之处在所难免，请读者方家指正。

《雅藏岭南》编委会

2024年6月